DAS GROSSE NINJA-LEXIKON

von Hannah Dolan

- Böser Blick
- Gesichtsimplantat
- Langer, schwarzer Bart
- Cyborg-Körperteile

EVIL WU

DAS GROSSE NINJA-LEXIKON

von Hannah Dolan

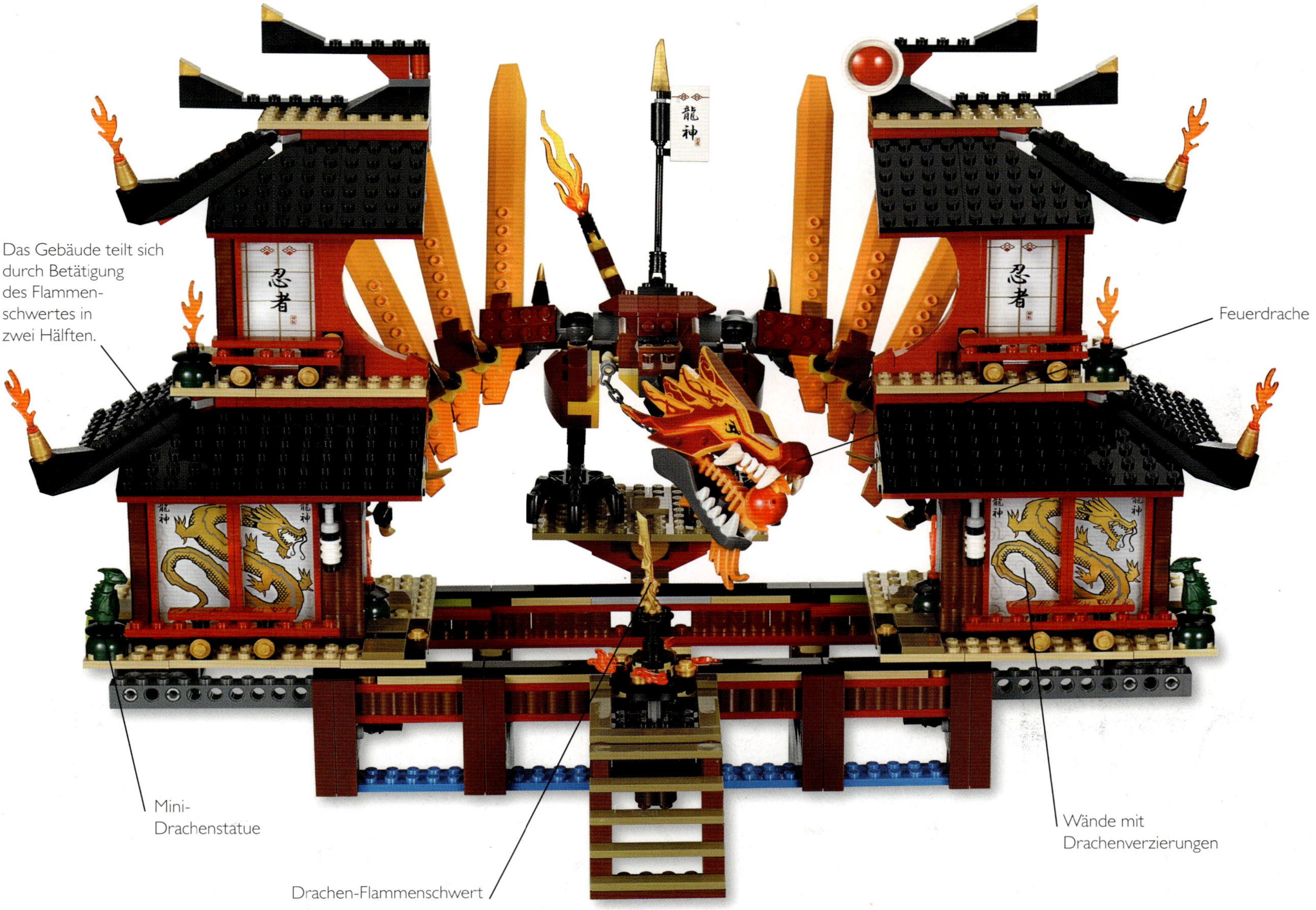

Das Gebäude teilt sich durch Betätigung des Flammenschwertes in zwei Hälften.

Feuerdrache

Mini-Drachenstatue

Drachen-Flammenschwert

Wände mit Drachenverzierungen

FEUERTEMPEL (2011)

INHALT

Einleitung	5
Zeitleiste	6

KAPITEL 1: FREUNDE

Kai	12
Jay	14
Cole	16
Zane	18
Lloyd Garmadon	20
Sensei Wu	22
Nya	23
Ninja-Training	24
Comic „Rettungsmission"	26
Ninjago City	30
Ninjago-Lager	32
Drachen	34
Roboter	36

KAPITEL 2: FEINDE

Lord Garmadon	40
Die Skelettarmee	42
Skelettritter	44
Die Schlangen	46
Die Giftnattern	47
Die Beißvipern	48
Die Hypnokobras	50
Die Würgeboas	51
Comic „Listige Schlangen"	52
Die Steinarmee	56
Nindroids	58
Nindroid-Maschinen	60

KAPITEL 3: SPEZIALSETS

Spinner Sets	64
Arena Sets	66
Booster Packs	68
Sammelkarten	70
Promotion-Sets	72

KAPITEL 4: MEHR ALS NUR STEINE

Hinter den Kulissen	76
Merchandising	80
Fan-Modelle	82
Fernsehen	84
Videospiele	88

Galerie der Charaktere	90
Register	94
Dank	96

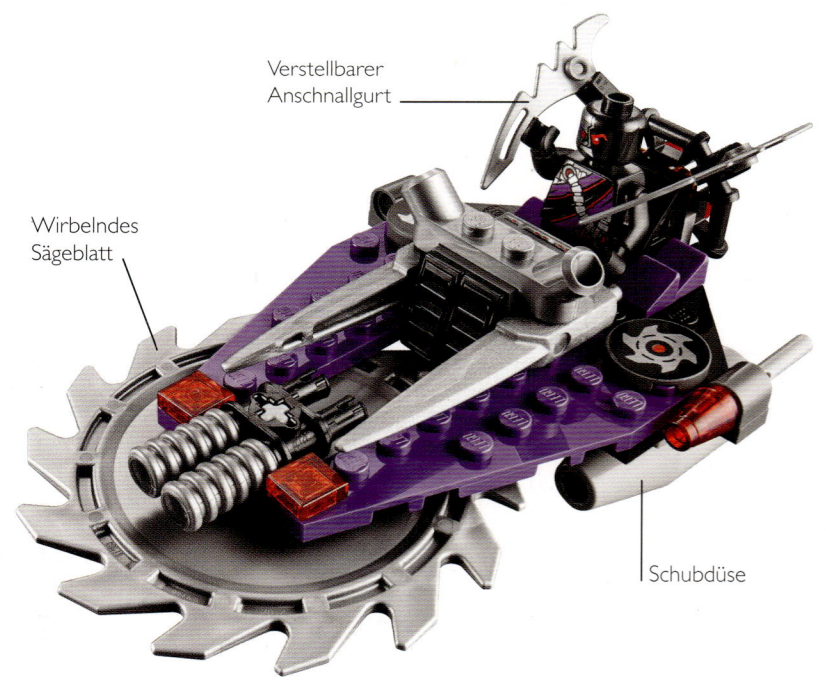

Verstellbarer Anschnallgurt
Wirbelndes Sägeblatt
Schubdüse

SCHWEBENDES SÄGEKISSEN (2014)

Goldenes Schwert

Scimitar-Schwert

Feuerspeer

Samurai-Helmzier

Samurai-Anzug

Krone

Phoenixsymbole auf dem Spinner

SAMURAI X SPINNER SET (2012)

EINLEITUNG

„Ninja GO!" lautet der Ruf der Ninjas in der LEGO® Ninjago Themenwelt. Seit Kai, Jay, Cole und Zane diese Worte 2011 in den LEGO Sets und der TV-Serie LEGO *Ninjago: Masters of Spinjitzu* zum ersten Mal riefen, erfreut sich die Themenwelt sowohl unter Kindern als auch unter Sammlern enormer Beliebtheit. Deshalb wurde sie nach dem geplanten Ende 2013 im darauffolgenden Jahr neu aufgelegt. Für die Welt von Ninjago bieten sich damit unendliche Möglichkeiten – die Fans haben gesprochen und sie wollen mehr!

In der Welt von LEGO Ninjago herrscht nie Langeweile. Die actiongeladene Produktlinie inszeniert einen immerwährenden Kampf zwischen Gut und Böse – ob die Ninjas dabei nun gegen den machtgierigen Tyrannen Lord Garmadon oder den geheimnisvollen Quell des Bösen namens Overlord antreten, ob sie sich gegen eine Skelettarmee, wütende Schlangenstämme, eine wiedererweckte Steinarmee oder mechanische Nindroids wehren. Die Themenwelt bietet sogar echte Wettkampfspiele, die LEGO *Ninjago: Spinjitzu Spinner*, bei denen die Minifiguren auf Kreiseln gegeneinander antreten.

Die Kulisse der Themenwelt orientiert sich an der japanischen und chinesischen Kultur und erschafft damit eine fantastische Welt, wie sie LEGO Sets noch nie zuvor präsentierten.

Es sind wohl die Charaktere, die die Fantasie der Fans dabei am meisten anregen. Sowohl Sensei Wu als auch jeder seiner Ninja-Schüler verfügen über eine ausgeprägte Persönlichkeit voller Weisheit, Wärme und Humor. Immer versuchen sie, das Richtige zu tun, sind aber nicht ohne Fehler. Dieser Entwicklung der Ninjas zuzusehen, das verleiht der LEGO Ninjago Themenwelt eine unverwechselbare Lebendigkeit – und lässt die Fans um Nachschlag bitten!

DATENBANKEN

Zu jedem aufgeführten LEGO Ninjago Set gibt es in diesem Buch einen Infokasten. Er enthält den offiziellen Namen des Sets, das Jahr der Erstveröffentlichung, die Anzahl der Steine oder Elemente, die LEGO Setnummer und die Anzahl der enthaltenen Minifiguren.

Set	*Donner-Räuber*	
Jahr 2014	Nummer	70723
Teile 334	Minifiguren	3

ZEITLEISTE

2011 veröffentlichte die LEGO Gruppe die ersten LEGO® Ninjago Sets mit Aktionskarten und Spinnern für die Meister des Spinjitzu und deren Skelett-Gegner. 2012 folgten Sets mit Schlangen-Feinden und 2013 Sets der Steinarmee. 2014 treten die Ninjas gegen die bisher fiesesten Feinde an: die Nindroids.

2011

2111 KAI

2112 COLE

2113 ZANE

2114 CHOPOV

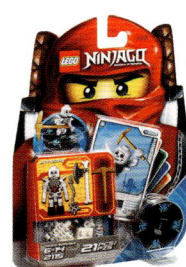
2115 BONEZAI

2116 KRAZI

2170 COLE DX

2171 ZANE DX

2172 NYA

2173 NUCKAL

2174 KRUNCHA

2175 WYPLASH

2254 BERGSCHREIN

2255 SENSEI WU

2256 LORD GARMADON

2257 SPINJITZU STARTER SET

2258 NINJA HINTERHALT

2259 SKELETT CHOPPER

2260 EISDRACHE

2263 TURBO SHREDDER

2504 SPINJITZU TRAININGSZENTRUM

2505 GARMADONS FESTUNG

2506 MONSTER TRUCK

2507 FEUERTEMPEL

2508 GEHEIME SCHMIEDEWERKSTATT

2509 ERDDRACHE

2516 NINJA AUSSENPOSTEN | 2518 NUCKALS QUADBIKE | 2519 SKELETT BOWLING | 2520 SPINJITZU ARENA | 2521 DRACHE DES BLITZES

PROMOTION-SETS

30080 NINJA GLIDER | 30081 SKELETON CHOPPER | 30082 NINJA TRAINING | 30083 DRAGON FIGHT

30084 JAY | 853111 WEAPON TRAINING SET | 66383 SUPER PACK 3 IN 1 | 66394 SUPER PACK 3 IN 1

2012

9440 SCHREIN DER GIFTNATTERN | 9441 KAIS FEUER-BIKE | 9442 JAYS DONNER-JET | 9443 RATTLECOPTER | 9444 COLES TARN-BUGGY

9445 SCHLANGEN-QUAD | 9446 NINJA-FLUGSEGLER | 9447 LASHAS SCHLANGENBIKE | 9448 SAMURAI-ROBOTER | 9449 ULTRASCHALL RAIDER

2012

9450 RÜCKKEHR DES VIERKÖPFIGEN DRACHENS   **9455 SCHLANGEN-LÄUFER**   **9456 DUELL IN DER SCHLANGENGRUBE**   **9457 ABRISSKRAN DER BEISSVIPERN**   **9551 KENDO COLE**   **9552 LLOYD GARMADON**

9553 JAY ZX   **9554 ZANE ZX**   **9555 MEZMO**   **9556 BYTAR**   **9557 LIZARU**   **9558 TRAINING SET**   **9561 KAI ZX**

9562 LASHA   **9563 KENDO ZANE**   **9564 SNAPPA**   **9566 SAMURAI X**   **9567 FANG-SUEI**   **9569 SPITTA**   **9570 NRG JAY**

9571 FANGDAM   **9572 NRG COLE**   **9573 SLITHRAA**   **9574 LLOYD ZX**   **9579 STARTER SET**   **9590 NRG ZANE**   **9591 BATTLE PACK**

PROMOTION-SETS

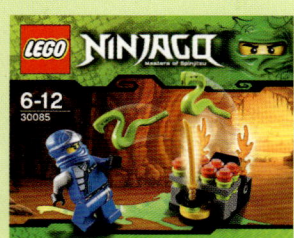   

30085 JUMPING SNAKES   **30086 HIDDEN SWORD**   **30087 COLE ZX's CAR**   **30088 RATTLA**

850445
FIGURENKARTEN-SCHREIN

5000030 BOOSTER SET KENDO JAY

66410 SUPER PACK 3 IN 1

2013

70500 KAIS FEUERROBOTER

70501 SAMURAI-BIKE

70502 COLES POWERBOHRER

70503 GOLDENER DRACHE

70504 GARMATRON

70505 TEMPEL DES LICHTS

PROMOTION-SET

850632 SAMURAI ZUBEHÖR

2014

70720 SCHWEBENDES SÄGEKISSEN

70721 KAIS SUPER-JET

70722 OVERBORG ATTACKE

70723 DONNER-RÄUBER

70724 NINJACOPTER

70725 NINDROID ROBO-DRACHE

70726 DESTRUCTOID

70727 X-1 NINJA SUPERCAR

70728 NINJAGO CITY

KAPITEL 1: FREUNDE

KAI

Als Ninja des Feuers hat Kai ebensolches im Blut. Sensei Wu fand den eigensinnigen Helden in der Schmiedewerkstatt seines verstorbenen Vaters und nahm ihn auf, um das Ninja-Team zu vervollständigen. Kai muss sich bemühen, sein Temperament zu zügeln, doch wenn er seine Emotionen unter Kontrolle hat, ist er wahrlich unaufhaltbar.

Die Maske gibt nur Kais beherzten Blick frei.

Schwarze Handschuhe

Dunkelrote Schärpe hält Kais Ninja-Anzug an der Hüfte

↓ FEUER-BIKE

Auf seinem Feuer-Bike rast Kai durch Ninjago. Falls das Tempo den Schlangen keinen Respekt einflößt, tut es spätestens die Klingenfunktion. Mit einem Druck auf den roten Knopf vor der Steuerung entfalten sich die schlitzenden Verteidigungsklingen!

KAI ZX

Kais ZX-Anzug verrät, dass er die Ninjastufe Zen eXtreme erreicht hat. Mit der goldglänzenden Rüstung und dem Helmschmuck gibt er ein imposantes Bild ab. Kampfbereit trägt er seine Schwerter gekreuzt auf dem Rücken.

Auslöser für Verteidigungsklingen

Scharfe Vorderklingen

↑ NINJA-LEHRLING

Zu Beginn seiner Lehrzeit trägt Kai seinen typischen feuerroten Kimono. Auch wenn seine Fähigkeiten noch nicht ausgereift sind, dienen die grimmigen Flammensymbole seinen Gegnern als Warnung: Wer sich mit ihm anlegt, verbrennt sich schnell die Finger!

KAI DX

Drachenbändigung ist für Kai ein Leichtes. Er erreicht als Erster die Ninjastufe DX (Dragon eXtreme), als er lernt, den Feuerdrachen zu kontrollieren. Stolz trägt er den DX-Anzug mit Drachensymbolen.

Gezündete Düsen

Goldene Schwertklinge zur Verteidigung

Hochoktan-Ölpumpe

Set	
Kais Feuer-Bike	
Jahr	2012
Nummer	9441
Teile	188
Minifiguren	2

← JETPACK

Kai ZX schnallt sich sein düsenbetriebenes Jetpack auf den Rücken, um der Schlange Fang-Suei in ihrem Rattlecopter nachzujagen. Dank der Wendigkeit des Jetpacks kann Kai dem giftigen Biss der Schlange entgehen.

Set	
Rattlecopter	
Jahr	2012
Nummer	9443
Teile	327
Minifiguren	3

TECHNO KAI
Im Techno-Aufzug zeigt Kai zum ersten Mal seine Stachelfrisur. Das bedeutet aber noch lange nicht, dass er es locker angeht – sein neuer Kimono weist auf seine neue, mächtige Techno-Klinge hin, die Gegnern das Fürchten lehrt.

Set	
Kais Super-Jet	
Jahr	2014
Nummer	70721
Teile	196
Minifiguren	2

Leistungsstarke Seitendüsen

Die Doppel-Vorderklingen bilden eine aerodynamische Schnauze.

Abschussbereite goldene Rakete

Die verstellbaren Seitenflügel geben Stabilität im Hochgeschwindigkeitsflug.

Flügelspitzen mit Klingen

↑ KAIS SUPER-JET

Für rasante Luftgefechte springt Kai ins Cockpit seines Ninja-Jets. Hierbei handelt es sich um ein ehemaliges Zivilflugzeug, das Kai mithilfe seiner fantastischen Techno-Klinge in einen Gefechtsgleiter verwandelte. Für seine Nindroid-Gegner heißt es nun Köpfe einziehen: Kais Super-Jet schießt mit goldenen Raketen, die ihr Ziel nie verfehlen!

KENDO KAI
Wenn Sensei Wu ihn in der Kampfkunst des Kendo unterrichtet, schützt sich Kai mit einer Metallrüstung.

NRG KAI
Leuchtende Augen und gleißend rote Flammen am ganzen Körper zeigen, dass Kai sein wahres Potenzial entfaltet hat.

KAI KIMONO
Als Lloyd Garmadon zum ultimativen Spinjitzu-Meister wird, erhält Kai weitere Kräfte und originelle Kleidung.

Heckspoiler

Motor

Cockpit/Motorradsitz

→ KAIS NINJA-CAR

Wenn die Ninjas gegen technisch hoch entwickelte Feinde wie die Nindroids antreten, muss auch ihre Ausrüstung hoch entwickelt sein. Kais Supercar hält für die Nindroids ein paar Überraschungen bereit: Unter der Motorhaube verbirgt sich ein absetzbares Abfang-Motorrad.

Aufklappbare Motorhaube mit Flammenmuster

Kühlerverkleidung

Stachel-Felgen

Set	
X-1 Ninja Supercar	
Jahr	2014	Nummer	70727
Teile	426	Minifiguren	3

JAY

Augenbrauennarbe, die von einer Explosion stammt

Geknoteter, dunkelblauer Gürtel

Der Ninja des Blitzes ist ein talentierter Erfinder. Er liebt die Technik und konstruiert allerlei Geräte, die leider nicht immer wie erhofft funktionieren. Er hat einen verrückten Sinn für Humor, doch nicht jeder findet seine Witze komisch. Obwohl er der vergnügteste Ninja ist, nimmt er sein Training sehr ernst und übt fleißig, damit er jedem entgegentreten kann, der Ninjago bedroht.

JAY DX
Der Blitze spuckende Drache auf der Brust zeigt, dass Jay seinen Elementdrachen gebändigt hat. Im DX-Anzug (Dragon eXtreme) trägt er seinen Namen in Goldbuchstaben auf dem Rücken.

↑ NINJA-LEHRLING

Als Sensei Wu sah, wie Jay selbst erfundene mechanische Flügel ausprobierte, erkannte er dessen Talent – obwohl Jay eine Bruchlandung hinlegte! Jay willigte ein, den Schrottplatz seiner Eltern zu verlassen und als blau gekleideter Ninja des Blitzes seine Ausbildung bei Wu zu beginnen.

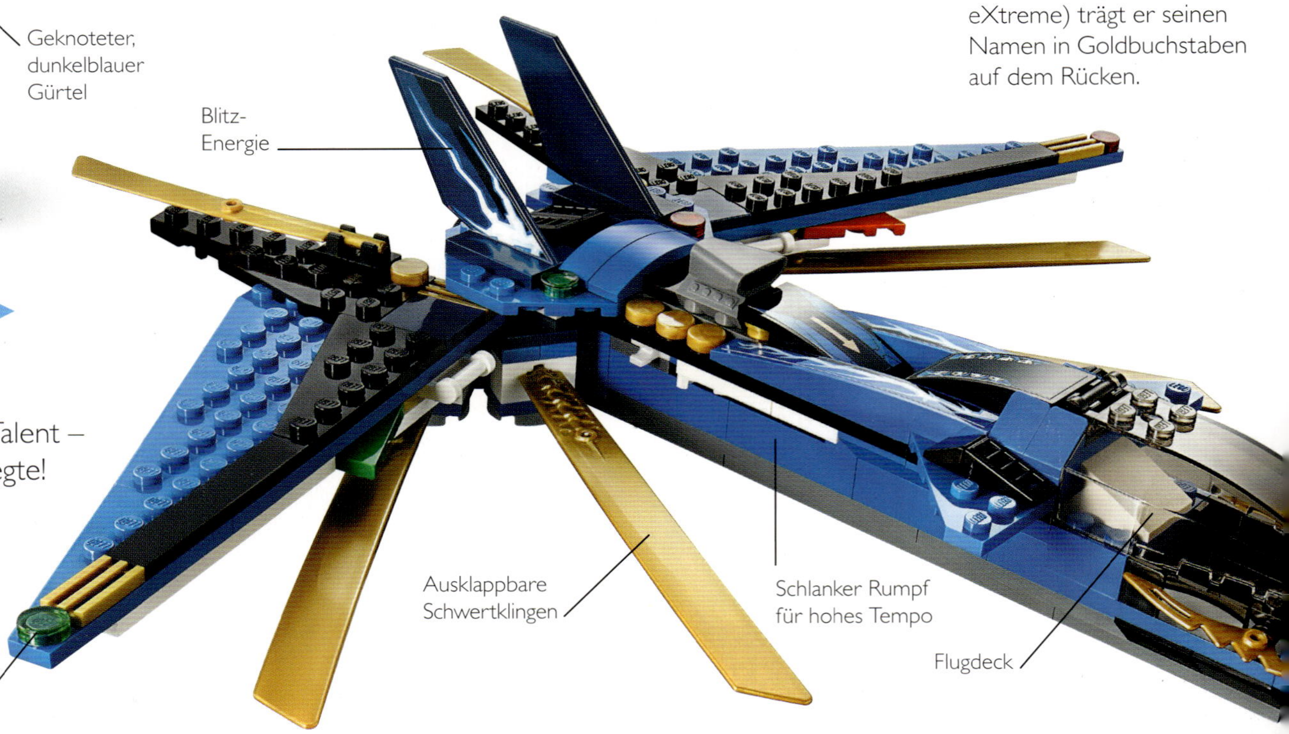

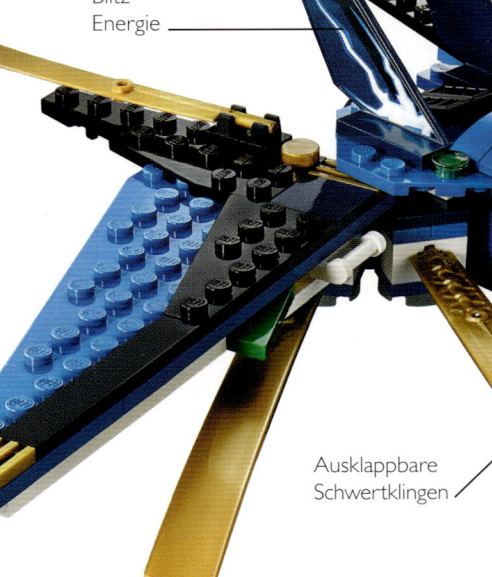

Blitz-Energie

Ausklappbare Schwertklingen

Schlanker Rumpf für hohes Tempo

Flugdeck

Signallicht an der Flügelspitze

↑ DONNER-JET

Wenn Jays Donner-Jet wie ein Blitz durch die Wolken schießt, geht man besser in Deckung! Der Düsenflieger ist auf Luftgefechte ausgelegt. Entdeckt Jay feindliche Flugzeuge, klappt der Jet seine verborgenen Flügelschwerter aus.

Metallschutz am rechten Arm

KENDO JAY
Während seiner Ausbildung erlernt Jay die Kampfkunst des Kendo. Der schwere Körperschutz hält ihn dabei nicht davon ab, sein Schwert blitzschnell zu schwingen.

NRG JAY
Als energischster Ninja ist NRG Jay der Zweite, der sein wahres Potenzial entfaltet. Als NRG Ninja leuchten sein Körper und Anzug mit elementarer, blauer Energie.

JAY KIMONO
Jay gehört zu den vier Beschützern des ultimativen Spinjitzu-Meisters. Nachdem sich Lloyd Garmadon als legendärer Meister erweist, trägt Jay diesen Element-Kimono.

JAY ZX
Mit seiner blitzgescheiten Auffassungsgabe meistert Jay als Erster die Kunst des Spinjitzu. Als er die Ninjastufe ZX (Zen eXtreme) erreicht, bewegt er sich schneller denn je, erst recht am Steuer seines Donner-Jets.

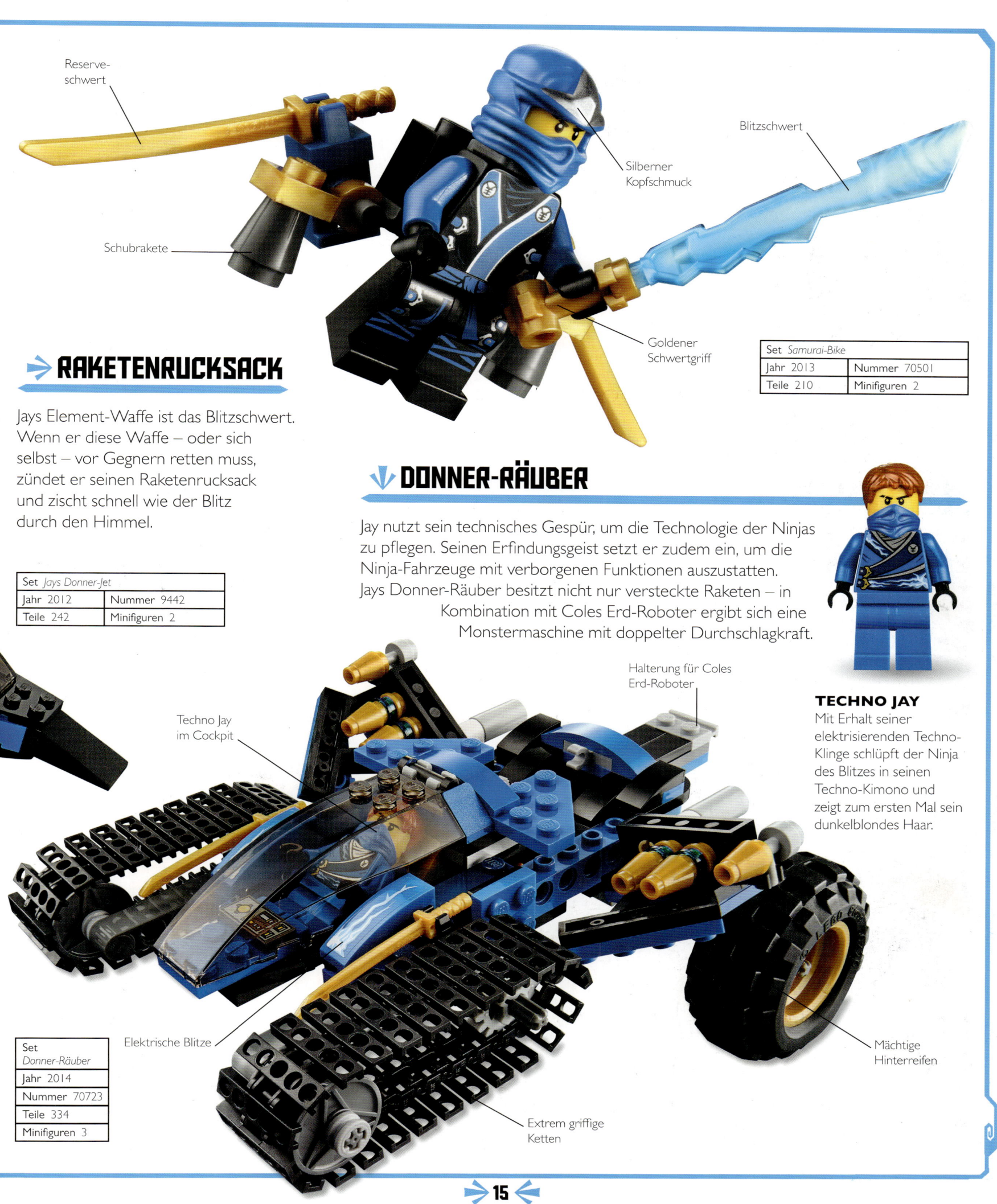

➤ RAKETENRUCKSACK

Jays Element-Waffe ist das Blitzschwert. Wenn er diese Waffe – oder sich selbst – vor Gegnern retten muss, zündet er seinen Raketenrucksack und zischt schnell wie der Blitz durch den Himmel.

Set	Jays Donner-Jet	
Jahr	2012	Nummer 9442
Teile	242	Minifiguren 2

Set	Samurai-Bike	
Jahr	2013	Nummer 70501
Teile	210	Minifiguren 2

⬇ DONNER-RÄUBER

Jay nutzt sein technisches Gespür, um die Technologie der Ninjas zu pflegen. Seinen Erfindungsgeist setzt er zudem ein, um die Ninja-Fahrzeuge mit verborgenen Funktionen auszustatten. Jays Donner-Räuber besitzt nicht nur versteckte Raketen – in Kombination mit Coles Erd-Roboter ergibt sich eine Monstermaschine mit doppelter Durchschlagkraft.

TECHNO JAY
Mit Erhalt seiner elektrisierenden Techno-Klinge schlüpft der Ninja des Blitzes in seinen Techno-Kimono und zeigt zum ersten Mal sein dunkelblondes Haar.

Set	Donner-Räuber
Jahr	2014
Nummer	70723
Teile	334
Minifiguren	3

Buschige Augenbrauen

Erdsymbol

Steingrauer Gürtel

COLE

Als Ninja der Erde ist Cole ebenso bodenständig und zuverlässig wie sein Element. In Notfällen vertrauen die Ninjas auf seine gelassene Besonnenheit. Dank seiner Elementkraft besitzt Cole ausgezeichnete körperliche und emotionale Stärke, die er immer wieder erneut auf die Probe stellt.

▼ COLES TARN-BUGGY

Cole ist ein Taktikgenie. Er weiß, dass man den Feind mit dessen eigenen Mitteln schlagen muss. Wenn Cole den Tarn-Buggy auf den Kopf stellt, täuschen seine hellgrünen Steine den Schlangen vor, es handele sich um eines ihrer Gefährte. Dank dieser Tarnfunktion kann Cole überraschend zuschlagen.

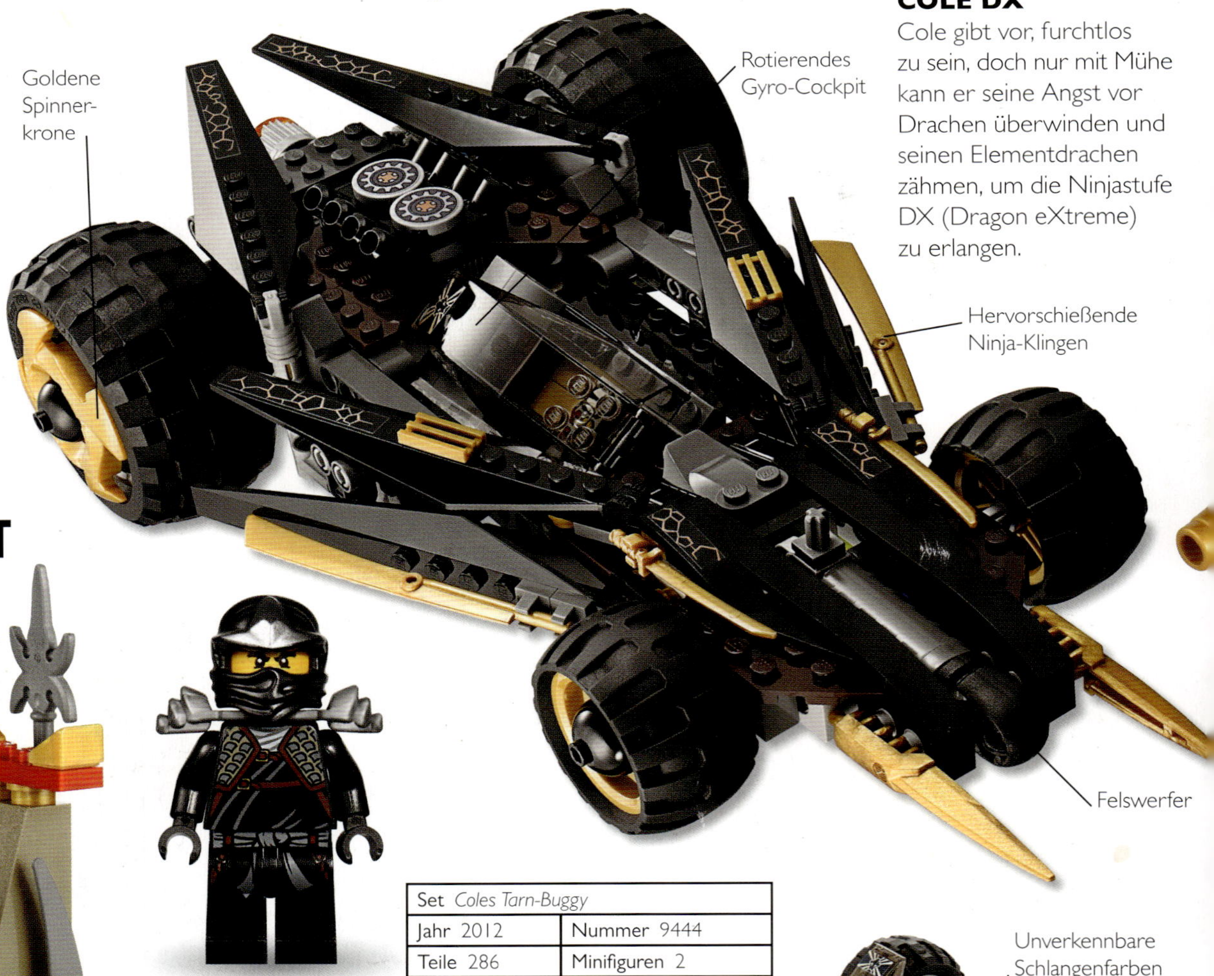

COLE DX
Cole gibt vor, furchtlos zu sein, doch nur mit Mühe kann er seine Angst vor Drachen überwinden und seinen Elementdrachen zähmen, um die Ninjastufe DX (Dragon eXtreme) zu erlangen.

▲ NINJA-LEHRLING

Cole war Sensei Wus erster Ninja-Schüler. Er entdeckte den Ninja der Erde, als dieser bei der Besteigung von Ninjagos höchstem Berg seine Grenzen auslotete. Den schwarzen Kimono erhielt Cole erst, als das Team mit den drei anderen Ninjas vollständig war.

Goldene Spinnerkrone

Rotierendes Gyro-Cockpit

Hervorschießende Ninja-Klingen

Felswerfer

▼ SCHMIEDEWERKSTATT

Der intelligente Cole studiert intensiv seine Gegner. In dieser Schmiedewerkstatt untersucht er die Reißzahnklinge der Giftnattern, um seine Erkenntnisse gegen die züngelnden Feinde einzusetzen.

Set	Lashas Schlangenbike
Jahr	2012
Nummer	9447
Teile	250
Minifiguren	2

Set	Coles Tarn-Buggy
Jahr	2012	Nummer	9444
Teile	286	Minifiguren	2

COLE ZX
Cole trainierte hart, um die Ninjastufe ZX (Zen eXtreme) zu erreichen. Die silberglänzende Panzerung an Brust, Schultern und Kopf zeigt Gegnern nun, dass er auf alles vorbereitet ist.

TARNMODUS

Unverkennbare Schlangenfarben

POWERBOHRER

Die Feinde der Ninjas zittern wie Espenlaub, wenn Coles Powerbohrer am Horizont erscheint. Mithilfe der Bohrspitze durchdringt Cole alle möglichen Formationen des Geländes und feindlicher Streitkräfte – sogar die geschlossenen Reihen der Steinarmee!

- Cole an der Steuerung
- Eines von zwei Heckschwertern
- Stachelhinterrad
- Harte Felskarosserie
- Das goldene Gitter schützt den Motor vor Steinschlag.
- Gezackte Bohrspitze

COLE KIMONO
Seinen schwarz-silbernen Kimono erhält Cole, als Lloyd Garmadon zum ultimativen Spinjitzu-Meister wird. Cole ist ein guter Lehrer und hilft Lloyd, seine Fähigkeiten voll zu entfalten.

Set	Coles Powerbohrer	
Jahr 2013		Nummer 70502
Teile 171		Minifiguren 2

KENDO COLE
Cole trainiert konzentriert und oft stundenlang. Übt er sich in der uralten Kampfkunst Kendo, trägt er einen Kopf-, Schulter- und Brustschutz über seinem Ninja-Anzug.

- Weißes Schutzgitter

NRG COLE
Cole ist eine echte Naturgewalt geworden! Als Dritter im Team entfaltete er sein wahres Potenzial und erlangte die ultimative Ninjastufe NRG. Seinen neuen Anzug zieren Blitze aus Erdenergie.

TECHNO COLE

Cole trägt gern Schwarz. Als er jedoch seine grüne Techno-Klinge bekommt, wird auch seine Kleidung bunter, mit Goldschnallen und Blitzen aus orangefarbener Energie. Durch sein wildes schwarzes Haar bleibt der Ninja der Erde jedoch unverwechselbar.

- Gesichtstuch
- Energiegeladene Steine

Set	Schwebendes Sägekissen	
Jahr 2014		Nummer 70720
Teile 79		Minifiguren 2

Symbol für den Ninja des Eises

ZANE

Der Ninja des Eises Zane war schon immer etwas sonderbar. Als Sensei Wu ihn das erste Mal sah, meditierte er am Grund eines gefrorenen Sees! Zane hat ein paar Macken und wenig Verständnis für Humor, was es ihm schwer macht, sich in das Team spitzbübischer Ninja-Lehrlinge einzufügen. Doch als er lernt, seine Andersartigkeit anzunehmen, und die Herzlichkeit von Wu und den anderen Ninjas spürt, schmilzt auch der Ninja des Eises dahin – und entfaltet sein wahres Potenzial!

Wurfstern des Eises

Eis-Bremse

⬆ NINJA-LEHRLING

Als Zane Ninjaschüler Sensei Wus wird, ist er ein einsames Waisenkind ohne Erinnerung an seine Vergangenheit. Mit Stolz trägt er seitdem den weißen Kimono des Ninjas des Eises. Seinem Lehrmeister gegenüber zeigt er immer höflichen Respekt.

⬇ ELEMENT-SCHNEEMOBIL

Als Meister seines Elements stehen Zane Fahrzeuge zur Verfügung, die im Höchsttempo über Eis und Schnee jagen können. Sein Schneemobil besitzt eine Eis-Karosserie, die auch stärkste Stöße aushalten kann.

Eisbrechende Klinge

ZANE ZX
Mit den Wurfsternen des Eises geht Zane noch fachmännischer um, seit er die Ninjastufe Zen eXtreme erreicht hat. Auch seine Eiskräfte, wie die Eissturm-Spinjitzu-Attacke, verbessern sich.

Eis-Motorhaube

Der Ski bietet effektive Lenkmöglichkeiten.

Set	Schlangen-Quad	
Jahr	2012	Nummer 9445
Teile	452	Minifiguren 4

ZANE DX
Mithilfe von Ninja-Stärke und übermenschlicher Intelligenz bändigt Zane den Eisdrachen. Sein Kimono zeigt, dass er die Ninjastufe DX (Dragon eXtreme) erreicht hat.

KENDO ZANE
Zane nimmt sein Training ernst. Als er die Kampfkunst Kendo erlernt, folgt er dabei Sensei Wus Anweisung und trägt schützende Panzerung am Oberkörper.

NRG ZANE
Als Zane die Wahrheit über seine Herkunft erfährt und akzeptiert, wer er wirklich ist, entfaltet er sein wahres Potenzial – und wird ein klirrend kalter NRG Ninja.

STEINDATEN
Dieses Buch enthält eine limitierte Zane Minifigur, die auch im Set Destructoid (70726) enthalten ist, das exklusiv für die Kette Target in den USA gefertigt wurde. Zane trägt eine silberne Schärpe und ein Eissymbol mit pulsierender Eisenergie auf der Brust und natürlich seinen unverkennbaren Bürstenschnitt.

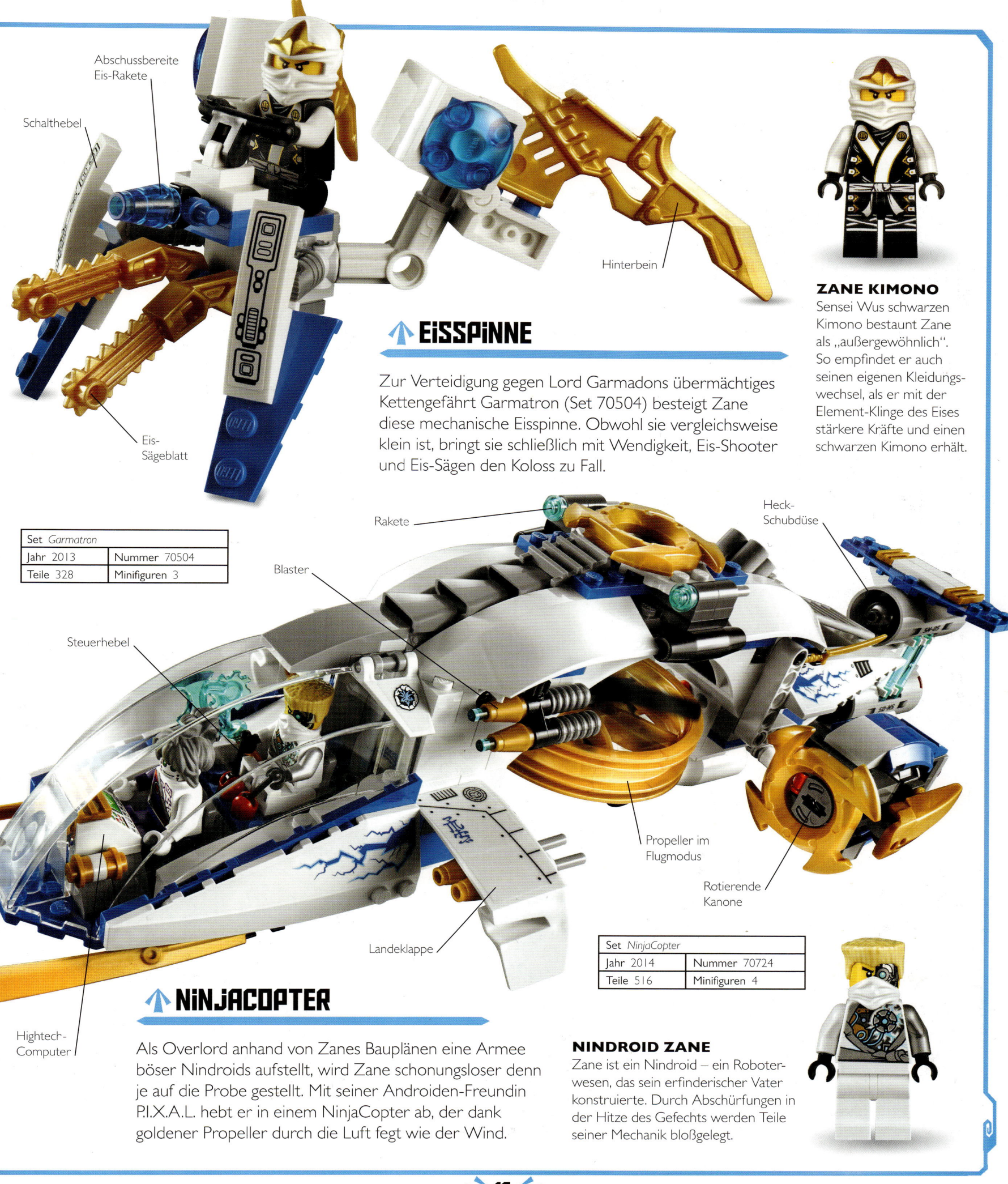

EISSPINNE

Zur Verteidigung gegen Lord Garmadons übermächtiges Kettengefährt Garmatron (Set 70504) besteigt Zane diese mechanische Eisspinne. Obwohl sie vergleichsweise klein ist, bringt sie schließlich mit Wendigkeit, Eis-Shooter und Eis-Sägen den Koloss zu Fall.

Set	Garmatron		
Jahr	2013	Nummer	70504
Teile	328	Minifiguren	3

ZANE KIMONO

Sensei Wus schwarzen Kimono bestaunt Zane als „außergewöhnlich". So empfindet er auch seinen eigenen Kleidungswechsel, als er mit der Element-Klinge des Eises stärkere Kräfte und einen schwarzen Kimono erhält.

NINJACOPTER

Als Overlord anhand von Zanes Bauplänen eine Armee böser Nindroids aufstellt, wird Zane schonungsloser denn je auf die Probe gestellt. Mit seiner Androiden-Freundin P.I.X.A.L. hebt er in einem NinjaCopter ab, der dank goldener Propeller durch die Luft fegt wie der Wind.

Set	NinjaCopter		
Jahr	2014	Nummer	70724
Teile	516	Minifiguren	4

NINDROID ZANE

Zane ist ein Nindroid – ein Roboterwesen, das sein erfinderischer Vater konstruierte. Durch Abschürfungen in der Hitze des Gefechts werden Teile seiner Mechanik bloßgelegt.

LLOYD GARMADON

Lloyd hat sich seinem Vater, dem Schurken Lord Garmadon, entfremdet. Statt in dessen Fußstapfen zu treten, findet er ein neues Lebensziel, als Sensei Wu ihn unter seine Fittiche nimmt. Lloyd hat fest vor, ein Ninja zu werden, doch niemand ahnt, dass er zum größten aller Ninjas wird: dem ultimativen Spinjitzu-Meister.

Das weiße Rippenmuster ähnelt dem seines Vaters.

Boshaftes Grinsen

Kurze Beine

← KLEIN + GEMEIN

Der junge Lloyd trägt einen schwarzen Kapuzenumhang, um bedrohlicher zu wirken. Das wird er für die Ninjas tatsächlich, als er aus Versehen die Kontrolle über einen bösen Schlangenstamm erlangt.

AUSRÜSTUNG

Lloyd stehen ein paar heftige Gerätschaften zur Verfügung, die zum Teil von den Schlangen stammen. Der Blend-Stab strahlt grelles Licht aus, die goldene Schlange enthält Gift und der Stab der gespaltenen Zunge besitzt giftige Dornen.

BLEND-STAB

GOLDENE SCHLANGE

STAB DER GESPALTENEN ZUNGE

LLOYD ZX

Ziel eines jeden Schülers von Sensei Wu ist es, den smaragdfarbenen Kimono des legendären Grünen Ninjas – des Meisters aller vier Elemente – zu tragen, doch nur Lloyd ist dazu bestimmt.

→ LLOYDS MOTORRAD

Techno Lloyd weiß, dass man am schnellsten per Motorrad durch Ninjago City kommt – besonders wenn der Verkehr aus einer Armee Nindroids besteht, die vorhaben, die lebhafte Metropole zu vernichten!

Windzerzaustes Haar

Lenkung

Auspuffrohr

Goldene Seitenklinge

Tiefe Aufhängung

Breitreifen

Set	OverBorg Attacke	
Jahr	2014	Nummer 70722
Teile	207	Minifiguren 2

GOLDENER NINJA

Er ist der ultimative Spinjitzu-Meister! Als Grüner Ninja tritt Lloyd zum Duell gegen Overlord an und entfaltet dabei sein wahres Potenzial, sodass er zum Goldenen Ninja wird. Jetzt besitzt Lloyd gesteigerte Ninja-Fähigkeiten, unglaubliche Stärke und die Kraft, einen Goldenen Drachen aus purer Lichtenergie heraufzubeschwören.

Set	Tempel des Lichts	
Jahr	2013	Nummer 70505
Teile	565	Minifiguren 5

Beschriftungen:
- Samurai-X-Flagge
- Harpune
- Rakete
- Raketenwerfer
- Sensei Garmadon im Cockpit
- Verborgene Schnellfeuerrakete
- Ninjaschwerter als Stoßstange
- Gold-besetzte Kapuze
- Beintuch
- Goldene Energie

Set	Nindroid Robo-Drache	
Jahr	2014	Nummer 70725
Teile	691	Minifiguren 5

STEINDATEN

Lloyd ZX erschien nur ein einziges Mal im prächtigen Element-Kimono in Schwarz, Grün und Gold: 2012 als exklusive Minifigur im DK-Buch LEGO *Ninjago Character Encyclopedia*.

NYAS GEFÄHRT

Als Lord Garmadon seine Fehler einsieht, finden sich Vater und Sohn auf derselben Seite wieder. Beim Angriff des Nindroid Robo-Drachens fliehen Lloyd und der bekehrte Sensei Garmadon in Nyas Gefährt. Lloyd übernimmt den drehbaren Raketenwerfer, während sein Vater im Cockpit Platz nimmt.

TECHNO LLOYD

Lloyd kehrt zu seinen Wurzeln als Grüner Ninja zurück, nachdem der tägliche Einsatz als Goldener Ninja zu kräftezehrend wurde – trotzdem besitzt er noch das Potenzial, der ultimative Spinjitzu-Meister zu sein, wenn er will.

Rotes Blumensymbol

Gürtelschärpe

SENSEI WU

Sensei Wu ist der Sohn des Ersten Spinjitzu-Meisters, der mit den vier Goldenen Waffen die Welt von Ninjago erschuf. Seit dem Tod seines Vaters hat sich Wu einem einzigen Ziel verschrieben: Ninjago vor bösen Kräften zu beschützen – etwa vor seinem bösen Bruder Lord Garmadon. Mit seiner Erfahrung ist Wu ein strenger, aber gerechter Spinjitzu-Lehrmeister.

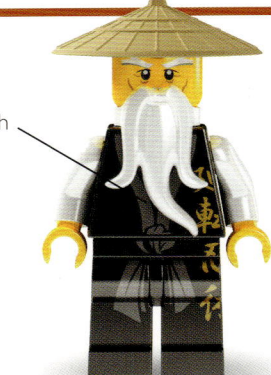

Langes, graues Halstuch

IN SCHWARZ
Wu trägt nicht nur Weiß, er hat auch einen noblen schwarzen Kimono.

Beiger Strohhut

Set	Tempel des Lichts
Jahr	2013
Nummer	70505
Teile	565
Minifiguren	5

KIMONOWECHSEL
Den weißen Kimono trägt Wu das erste Mal auf dem *Flugsegler*.

↑ WEISER LEHRMEISTER

Niemand kennt Sensei Wus Alter, aber seine Falten und der lange, weiße Bart weisen auf ein langes Leben hin. Wu trägt bequeme Kleidung, wenn er seine Ninja-Schüler in den Kampfkünsten unterrichtet, die er in vielen Jahren als Spinjitzu-Meister gelernt hat.

Kammer der Element-Klingen

Flagge des Goldenen Drachens

Schwertkämpfer der Steinarmee

Waffenständer

Silberner Hut

Von Overlord implantierte Cyborg-Teile

Die Wandmalereien zeigen historische Ninja-Meister.

← EVIL WU

Als Overlord mit seiner Roboterarmee der Nindroids anrückt und selbst als Computervirus namens Digital Overlord in Erscheinung tritt, nimmt er Sensei Wu gefangen. Mithilfe von Technologie verwandelt er ihn in den bösen Cyborg Evil Wu.

↑ TEMPEL DES LICHTS

Dieser Ninja-Tempel steht auf dem Gipfel eines Berges der Dunklen Insel. Hier ruhen die Element-Klingen, welche die Element-Kräfte eines Ninjas steigern. Wu und die Ninjas erreichen den Tempel mit der Steinarmee auf den Fersen – doch sollten die Soldaten den Schwertern der Elemente zu nahe kommen, löst Wu die Falltür aus.

Gesichtsschleier

Langes Cheongsam-Kleid

NYA

Nya weiß, dass auch Mädchen Ninjas sein können. Kais jüngere Schwester lebt bei Sensei Wu und den Ninjas, und dass sie ihren heldenhaften Mitbewohnern in nichts nachsteht, beweist sie, wenn sie verkleidet als mysteriöser Samurai X in den Einsatz zieht.

Goldener Horn-Schmuck

Metallener Torsoschutz

SAMURAI X
In ihrer Verkleidung als Samurai X ist nur Nyas entschlossener Blick hinter dem handgefertigen Kostüm zu sehen.

⬇ SCHMIEDEWERKSTATT

⬆ MUTIGES MÄDEL

Das goldene Feuerkugelmuster auf Nyas Kleid steht für ihr inneres Feuer, verbindet sie aber auch mit ihrem Bruder Kai, dem Ninja des Feuers. Kai will seine Schwester immer beschützen – besonders vor Jay, der sich in sie verguckt hat. Nya kann aber bestens auf sich selbst aufpassen.

Großer Speer

OFFENES DACH

Zahnräder

Amboss

Bevor Sensei Wu sie aufnimmt, betreibt Nya zusammen mit ihrem Bruder Kai die Schmiedewerkstatt der Vier Waffen. Wenn das Dach aufklappt, verwandelt sich der ruhige Arbeitsraum in ein reichhaltiges Waffenlager. Durch die Klappbewegung dreht sich die Rückwand herum und ermöglicht den Zugang zum Schwertständer.

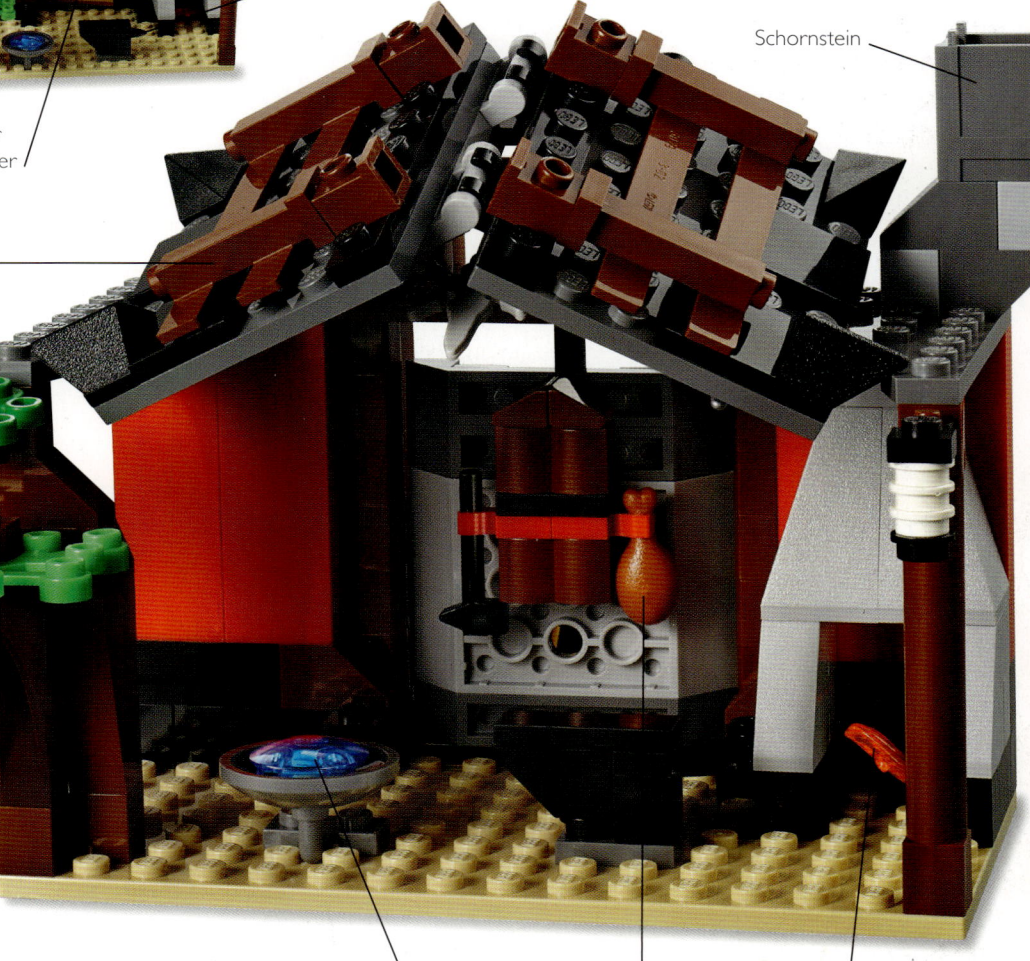

Schornstein

Waffenständer voller Schwerter

Holzdach

Baum

GESCHLOSSENES DACH

Wasserschüssel

Mittagessen

Feuerstelle

Set	Geheime Schmiedewerkstatt	
Jahr	2011	Nummer 2508
Teile	189	Minifiguren 2

NYAS AUSRÜSTUNG

Im Einsatz verwendet Nya am liebsten den Nin-Jo (einen Bambusstab, den auch Sensei Wu gern benutzt) und Doppeldolche.

NIN-JO

DOPPELDOLCHE

➤ 23 ◂

NINJA-TRAINING

Die Ninjas treten allen möglichen Feinden entgegen, die Ninjagos Frieden bedrohen – von knöchernen Skeletten und züngelnden Schlangen bis hin zu klobigen Steinsoldaten und mechanischen Nindroids. Um auf alles vorbereitet zu sein, müssen sie hart trainieren. Sensei Wu sorgt dafür, dass sie dazu die richtigen Mittel haben.

▼ SPINJITZU-SCHULE

Wichtigster Übungsort für Sensei Wus Ninja-Team ist das Spinjitzu-Trainingszentrum. Es steckt voller Überraschungen, um die Ninjas auf Trab zu halten. Quer durch das Zentrum begegnet man Hindernissen wie explodierenden Bodenbrettern oder der lodernden Flammengrube.

Set *Spinjitzu Trainingszentrum*	
Jahr 2011	Nummer 2504
Teile 373	Minifiguren 3

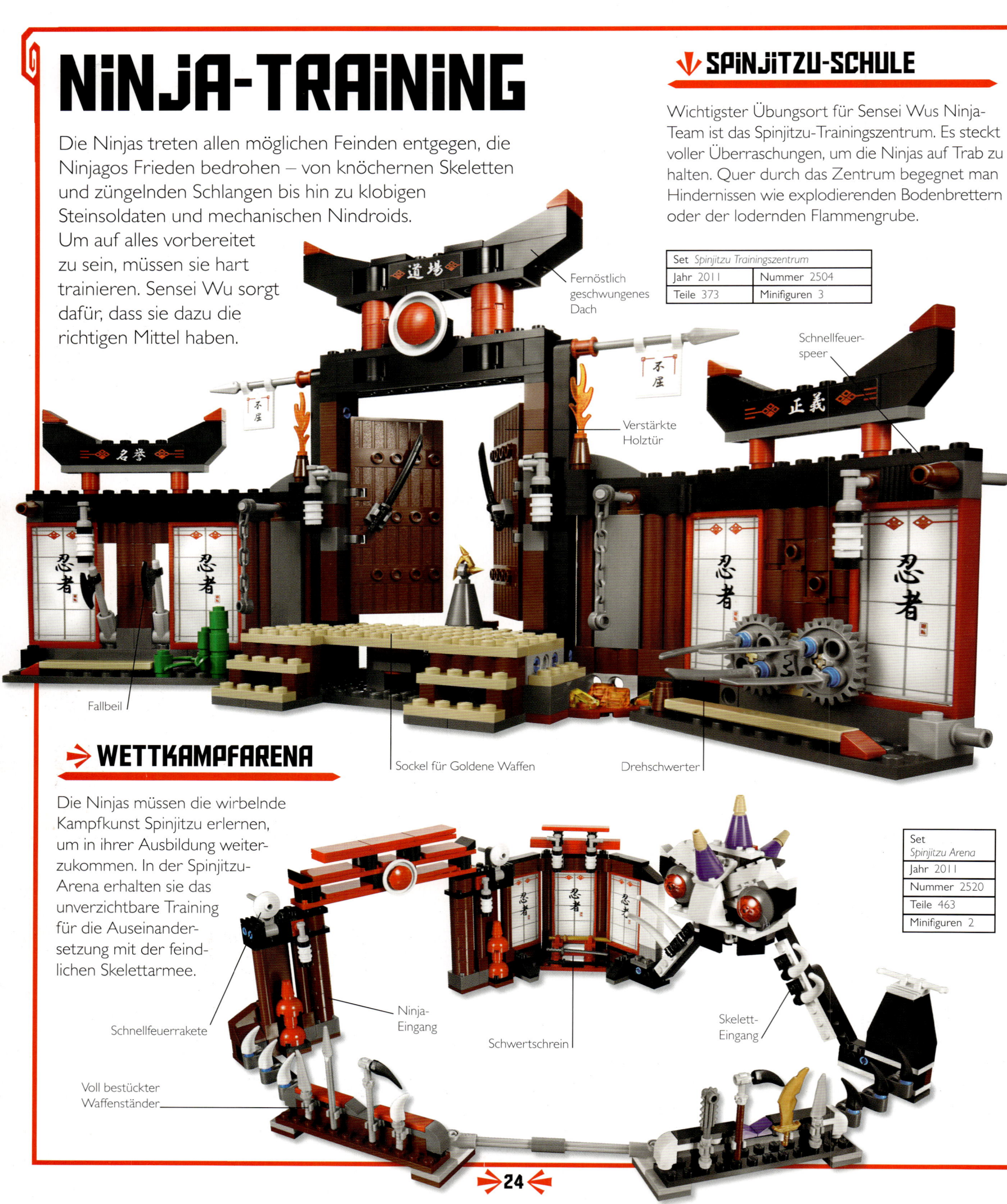

Fernöstlich geschwungenes Dach
Schnellfeuerspeer
Verstärkte Holztür
Fallbeil
Sockel für Goldene Waffen
Drehschwerter

▶ WETTKAMPFARENA

Die Ninjas müssen die wirbelnde Kampfkunst Spinjitzu erlernen, um in ihrer Ausbildung weiterzukommen. In der Spinjitzu-Arena erhalten sie das unverzichtbare Training für die Auseinandersetzung mit der feindlichen Skelettarmee.

Set *Spinjitzu Arena*
Jahr 2011
Nummer 2520
Teile 463
Minifiguren 2

Schnellfeuerrakete
Ninja-Eingang
Schwertschrein
Skelett-Eingang
Voll bestückter Waffenständer

⬇ BERGSCHREIN

Hoch oben in den Bergen Ninjagos steht der Bergschrein, ein geheimer Übungsort für Ninjas. Unterschiedliche Hindernisse sind in die schroffe Felswand eingelassen. Hier trainiert oft Kai, der Ninja des Feuers – seine DX Minifigur mit Spinner ist in diesem Set enthalten.

RÜCKANSICHT

VORDERANSICHT

Wirbelnde Äxte

Keulenkugel

Set Bergschrein	
Jahr	2011
Nummer	2254
Teile	169
Minifiguren	2

⬇ SCHWERTTRAINING

Jay übt seine Nin-Jo-Fertigkeiten an dieser schlangenförmigen Trainingssäule. Blitzschnelle Reflexe sind gefragt, wenn man sich den vier wirbelnden Klingen stellt.

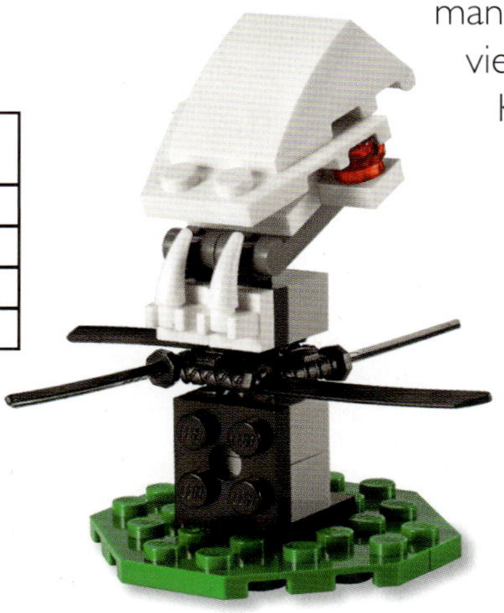

Set Ninja Training	
Jahr	2011
Nummer	30082
Teile	32
Minifiguren	1

➡ NINJA-AUSSENPOSTEN

Die tief im Dschungel gelegene Waffensäule ist der perfekte Ort, um sich ungestört in Kampfkünsten zu üben. Nur ein Skorpion leistet dabei Gesellschaft.

Zielscheibe

Skorpion

Set Ninja Außenposten	
Jahr	2011
Nummer	2516
Teile	45
Minifiguren	1

⬇ NINJA-HINTERHALT

Während ihres Trainings lernen die Ninjas, das Überraschungsmoment zu nutzen. Ein scheinbar gewöhnliches Bambuswäldchen teilt sich plötzlich und gibt das Ninja-Sprungkatapult frei.

Katapultkorb

Bambussprössling

Set Ninja Hinterhalt	
Jahr	2011
Nummer	2258
Teile	71
Minifiguren	2

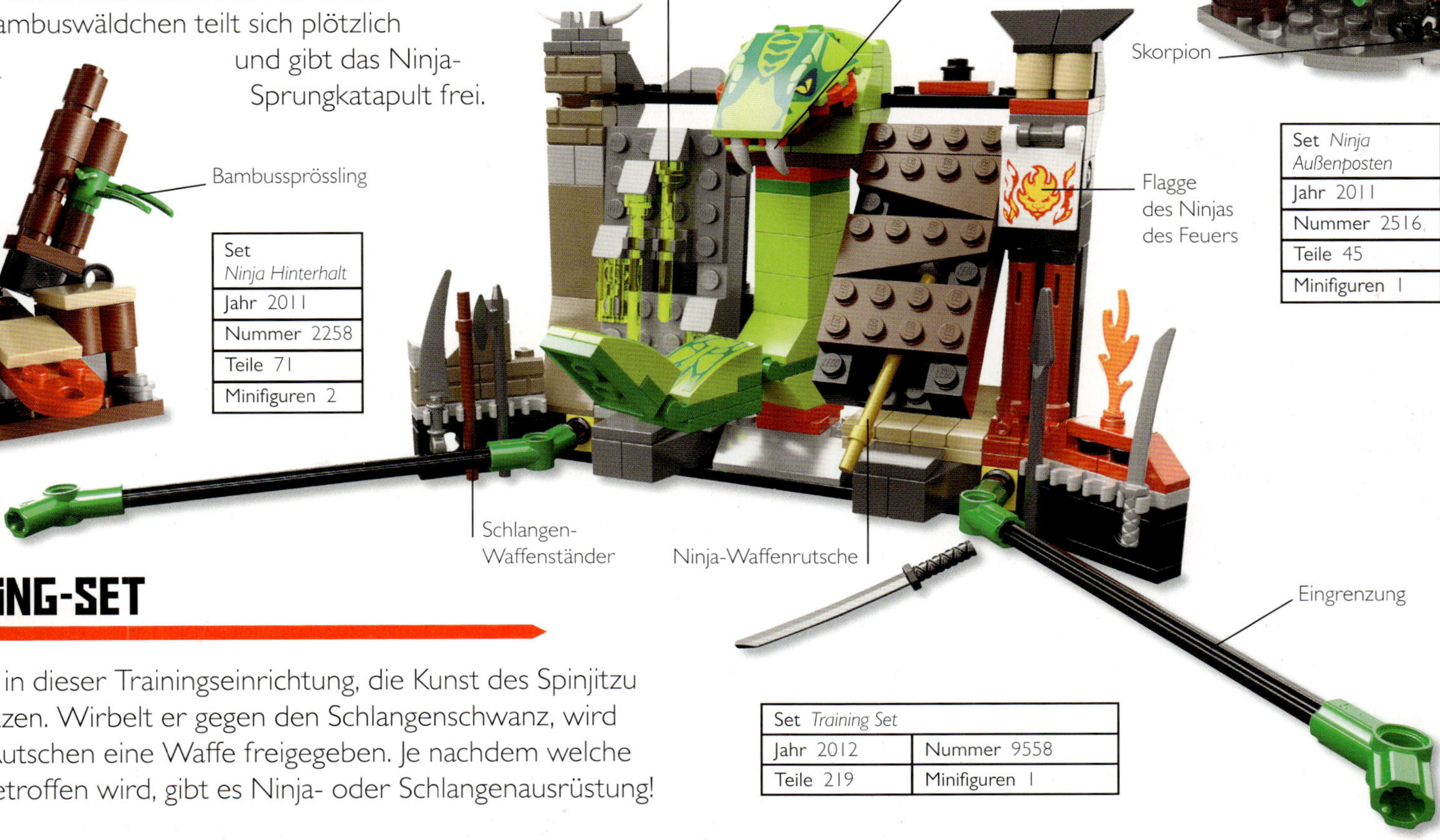

Triefendes Gift — Reißzahn

Flagge des Ninjas des Feuers

Schlangen-Waffenständer — Ninja-Waffenrutsche

Eingrenzung

➡ TRAINING-SET

Kendo Kai lernt in dieser Trainingseinrichtung, die Kunst des Spinjitzu präzise einzusetzen. Wirbelt er gegen den Schlangenschwanz, wird über eine der Rutschen eine Waffe freigegeben. Je nachdem welche Schwanzseite getroffen wird, gibt es Ninja- oder Schlangenausrüstung!

Set Training Set	
Jahr 2012	Nummer 9558
Teile 219	Minifiguren 1

NINJAGO CITY

Die betriebsame Metropole New Ninjago City hat eine technologische Wiedergeburt erlebt. Überall gibt es Wolkenkratzer, Läden, Cafés, Schulen und verschiedene Transportsysteme. Als Hauptstadt von Ninjago zieht die Stadt viele Feinde der Ninjas an. Über die Jahre wurde sie Schauplatz von einigen der monumentalsten Gefechte Ninjagos.

◄ OVERLORD

Hier sieht man Overlord in körperlicher Form – den Quell alles Bösen in Ninjago. Er giert nach der Kraft des Goldenen Ninja, um zum Goldenen Meister zu werden, der nach einer Legende der Schlangen über ganz Ninjago herrschen wird. Overlord vereint die vier Goldenen Waffen von Ninjago, um eine roboterähnliche Rüstung zu bauen.

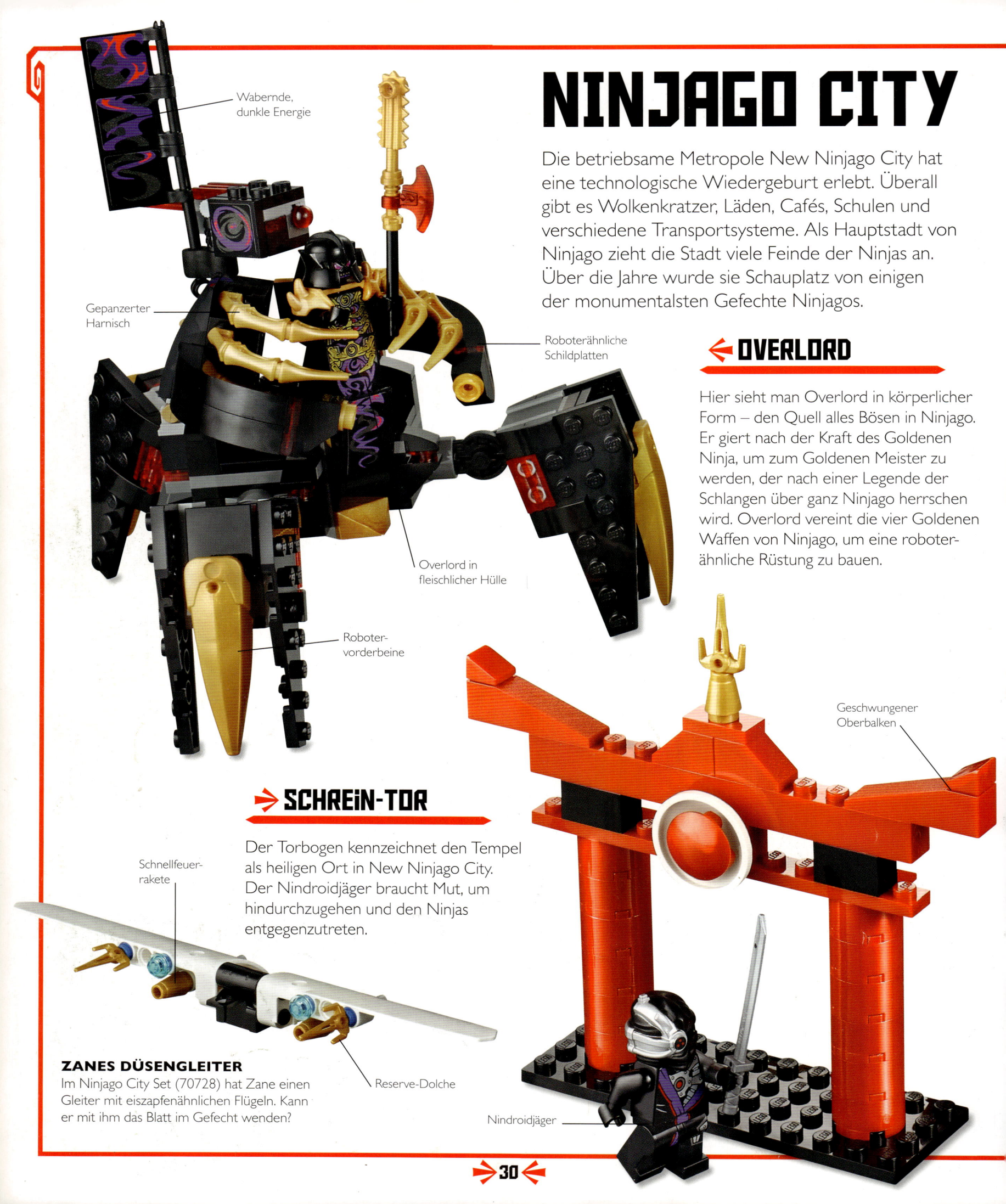

- Wabernde, dunkle Energie
- Gepanzerter Harnisch
- Roboterähnliche Schildplatten
- Overlord in fleischlicher Hülle
- Robotervorderbeine

► SCHREIN-TOR

Der Torbogen kennzeichnet den Tempel als heiligen Ort in New Ninjago City. Der Nindroidjäger braucht Mut, um hindurchzugehen und den Ninjas entgegenzutreten.

- Geschwungener Oberbalken
- Nindroidjäger

ZANES DÜSENGLEITER

Im Ninjago City Set (70728) hat Zane einen Gleiter mit eiszapfenähnlichen Flügeln. Kann er mit ihm das Blatt im Gefecht wenden?

- Schnellfeuerrakete
- Reserve-Dolche

→ NINJAGO CITY

Set	*Ninjago City*	
Jahr	2014	Nummer 70728
Teile	1223	Minifiguren 6

Der Heilige Tempelschrein, den man heute New Ninjago City nennt, wird Schauplatz eines rabiaten Gefechts zwischen den Ninjas und Overlord. Können die geheimen Raketen und Katapulte eine Belagerung durch Overlord und dessen Truppen verhindern?

- Drachenkopf
- Eines von zwei Katapulten
- Verborgener Raketenmechanismus
- Samurai X
- Papierwände
- Steinstufen
- Jay
- Zane
- Erhöhtes Steinfundament
- Im Baumgeäst steckender Greifhaken
- Fächerahorn

STEINDATEN

Samurai X benutzt einen Greifhaken, um sich vom Tempeldach zum Boden abzuseilen. Der Haken steckt im Geäst des Baumes, während das andere Ende an der Unterseite des Daches festsitzt.

- Ausziehbares Seil
- Haken

NINJAGO-LAGER

In der Welt von Ninjago gibt es viele Tempel und Quartiere, denn ein Ninja muss sein Lager aufschlagen, wo immer er gebraucht wird. Die Lager von Sensei Wu und seinen Schülern wurden schon mehrfach überfallen, sodass sie an andere Orte weiterziehen mussten. Ihr Zuhause ist immer dort, wo ihre Ninja-Kapuze liegt (oder der spitze Hut).

▶ FEUERTEMPEL

Der flammende Ninja-Tempel steht in einem Vulkan. Hier hält Sensei Wu das Drachen-Flammenschwert vor seinem bösen Bruder versteckt. Falls Lord Garmadon oder seine Schergen versuchen sollten, es zu stehlen, teilt sich der Tempel und gibt den Feuerdrachen frei, der die Waffe hütet.

Gebäude teilt sich durch Betätigung des Flammenschwertes in zwei Hälften.

Wände mit Drachenverzierungen

Mini-Drachenstatue

Drachen-Flammenschwert

Set	Feuertempel	
Jahr	2011	Nummer 2507
Teile	1180	Minifiguren 7

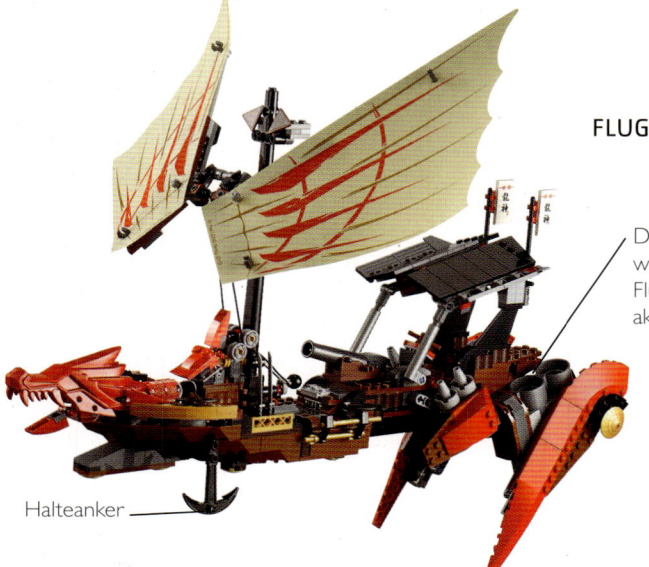

FLUGMODUS

Die Schubdüsen werden im Flugmodus aktiviert.

Halteanker

▶ NINJA-FLUGSEGLER

Nachdem die Schlangen das Klostergebäude der Ninjas zerstört haben, richten sie ihr Quartier auf dem *Flugsegler* ein. Als sie das ehemalige Piratenschiff finden, ist es ein Wrack. Jay kümmert sich um die Restaurierung und verbessert es sogar, sodass es nicht nur zum Segeln, sondern auch zum Fliegen taugt.

Die Segel ähneln Drachenflügeln.

SEGELMODUS

Drachkopf-Bug

Schnappender Kiefer

Sensei Wu hält auf der Brücke Wacht.

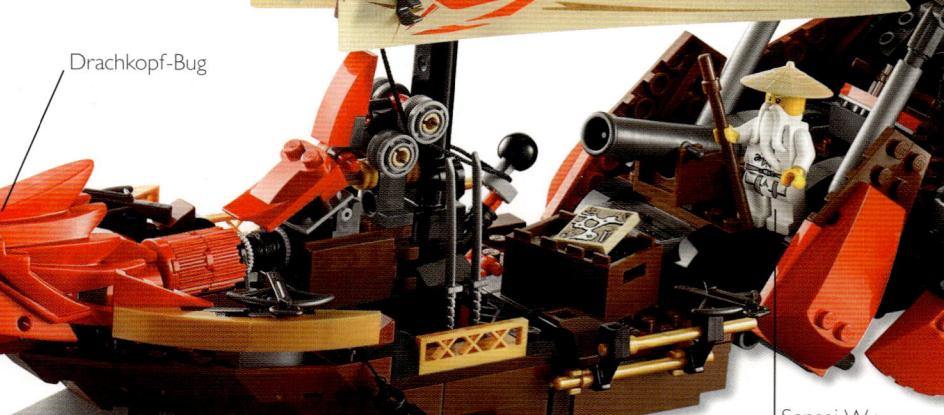

Set	Ninja-Flugsegler	
Jahr	2012	Nummer 9446
Teile	680	Minifiguren 6

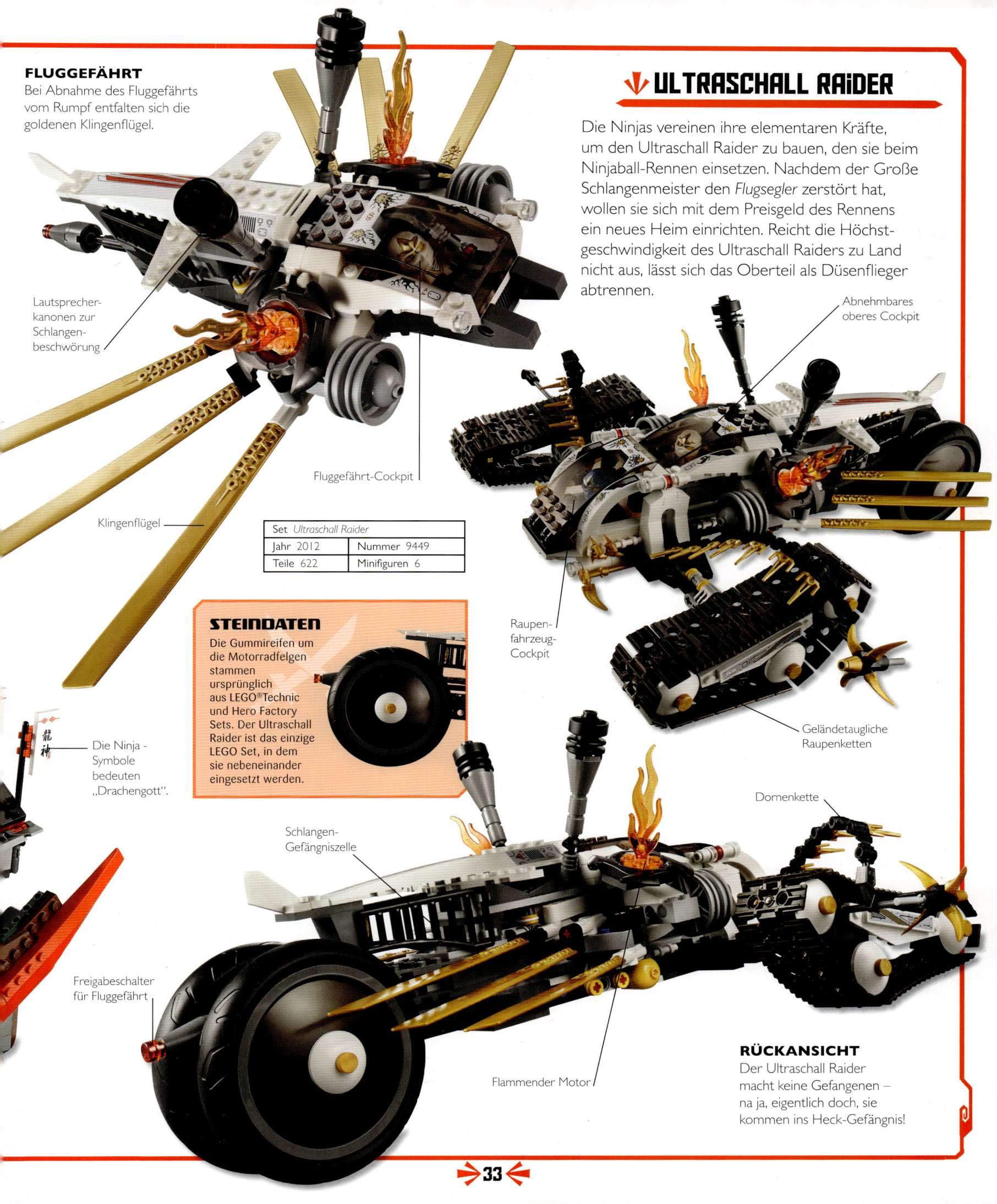

FLUGGEFÄHRT
Bei Abnahme des Fluggefährts vom Rumpf entfalten sich die goldenen Klingenflügel.

ULTRASCHALL RAIDER

Die Ninjas vereinen ihre elementaren Kräfte, um den Ultraschall Raider zu bauen, den sie beim Ninjaball-Rennen einsetzen. Nachdem der Große Schlangenmeister den *Flugsegler* zerstört hat, wollen sie sich mit dem Preisgeld des Rennens ein neues Heim einrichten. Reicht die Höchstgeschwindigkeit des Ultraschall Raiders zu Land nicht aus, lässt sich das Oberteil als Düsenflieger abtrennen.

- Lautsprecherkanonen zur Schlangenbeschwörung
- Fluggefährt-Cockpit
- Klingenflügel
- Abnehmbares oberes Cockpit
- Raupenfahrzeug-Cockpit
- Geländetaugliche Raupenketten

Set	Ultraschall Raider	
Jahr 2012	Nummer	9449
Teile 622	Minifiguren	6

STEINDATEN
Die Gummireifen um die Motorradfelgen stammen ursprünglich aus LEGO®Technic und Hero Factory Sets. Der Ultraschall Raider ist das einzige LEGO Set, in dem sie nebeneinander eingesetzt werden.

- Die Ninja-Symbole bedeuten „Drachengott".
- Freigabeschalter für Fluggefährt
- Schlangen-Gefängniszelle
- Dornenkette
- Flammender Motor

RÜCKANSICHT
Der Ultraschall Raider macht keine Gefangenen – na ja, eigentlich doch, sie kommen ins Heck-Gefängnis!

DRACHEN

Die mystischen Kreaturen sehen Furcht einflößend aus, doch nur Feinde der Ninjas sollten Angst vor ihnen haben. Selbst die Ninjas fürchteten sie, bevor sie ihre gemeinsame Aufgabe erkannten: Ninjago und die Goldenen Waffen beschützen. Nun halten die Ninjas die Elementdrachen als Nutztiere und reiten auf ihnen in die Unterwelt – den Ort, den die Drachen neben Ninjago ihr Zuhause nennen.

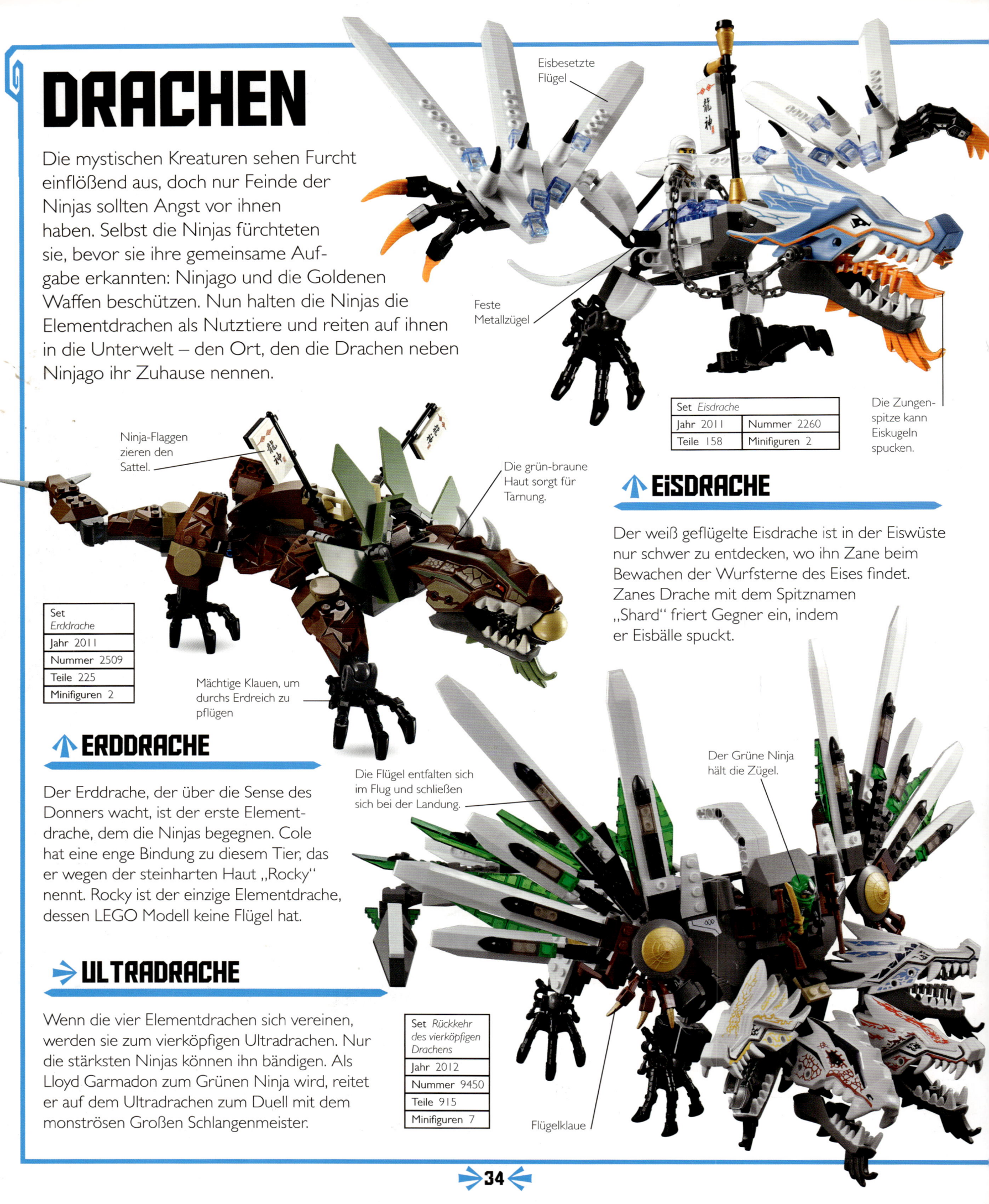

Eisbesetzte Flügel

Feste Metallzügel

Die Zungenspitze kann Eiskugeln spucken.

Set	Eisdrache	
Jahr	2011	Nummer 2260
Teile	158	Minifiguren 2

↑ EISDRACHE

Der weiß geflügelte Eisdrache ist in der Eiswüste nur schwer zu entdecken, wo ihn Zane beim Bewachen der Wurfsterne des Eises findet. Zanes Drache mit dem Spitznamen „Shard" friert Gegner ein, indem er Eisbälle spuckt.

Ninja-Flaggen zieren den Sattel.

Die grün-braune Haut sorgt für Tarnung.

Set	Erddrache
Jahr	2011
Nummer	2509
Teile	225
Minifiguren	2

Mächtige Klauen, um durchs Erdreich zu pflügen

↑ ERDDRACHE

Der Erddrache, der über die Sense des Donners wacht, ist der erste Elementdrache, dem die Ninjas begegnen. Cole hat eine enge Bindung zu diesem Tier, das er wegen der steinharten Haut „Rocky" nennt. Rocky ist der einzige Elementdrache, dessen LEGO Modell keine Flügel hat.

→ ULTRADRACHE

Wenn die vier Elementdrachen sich vereinen, werden sie zum vierköpfigen Ultradrachen. Nur die stärksten Ninjas können ihn bändigen. Als Lloyd Garmadon zum Grünen Ninja wird, reitet er auf dem Ultradrachen zum Duell mit dem monströsen Großen Schlangenmeister.

Die Flügel entfalten sich im Flug und schließen sich bei der Landung.

Der Grüne Ninja hält die Zügel.

Set	Rückkehr des vierköpfigen Drachens
Jahr	2012
Nummer	9450
Teile	915
Minifiguren	7

Flügelklaue

▼ DRACHE DES BLITZES

Jays Gegner nehmen sich vor seinem Drachen „Wisp" besser in Acht! Mit Lichtgeschwindigkeit taucht er urplötzlich auf und spuckt Blitzkugeln auf seine Feinde. Der Drache des Blitzes hat mehr Gliedmaßen als die anderen Elementdrachen und läuft auf vier statt nur auf zwei Beinen.

Flammender Schwanz

Goldene Vorderklaue

Der aufgeladene Schwanz teilt Stromstöße aus.

Blitzkugel

Vorderklaue

Vorderbein

▲ FEUERDRACHE

Wenn Kais Feuerdrache losfliegt, sieht er aus wie eine Stichflamme – weshalb Kai ihn auch „Flame" nennt. Kai findet den Elementdrachen tief in einem Vulkan beim Feuertempel. Da seine rot-orangefarbene Haut enorm heiß ist, kann nur der Ninja des Feuers mit ihm umgehen.

Set	
Feuertempel	
Jahr	2011
Nummer	2507
Teile	1180
Minifiguren	7

Nur der Goldene Ninja kann die Kraft des Drachens bändigen.

Der Schwanz strahlt goldene Energie aus.

Set	
Drache des Blitzes	
Jahr	2011
Nummer	2521
Teile	645
Minifiguren	4

Ausgebreitete Flügel

◀ GOLDENER DRACHE

Als Lloyd Garmadon zum ultimativen Spinjitzu-Meister (dem Goldenen Ninja) wird, erlangt er die Macht, den Goldenen Drachen heraufzubeschwören. Die majestätische Kreatur ist als einziger Drache dazu in der Lage, den bösen Overlord zu bezwingen, der Ninjago für immer beherrschen will.

Schnappende Goldkiefer

Drei-Finger-Klauen

Set	*Goldener Drache*		
Jahr	2013	Nummer	70503
Teile	252	Minifiguren	3

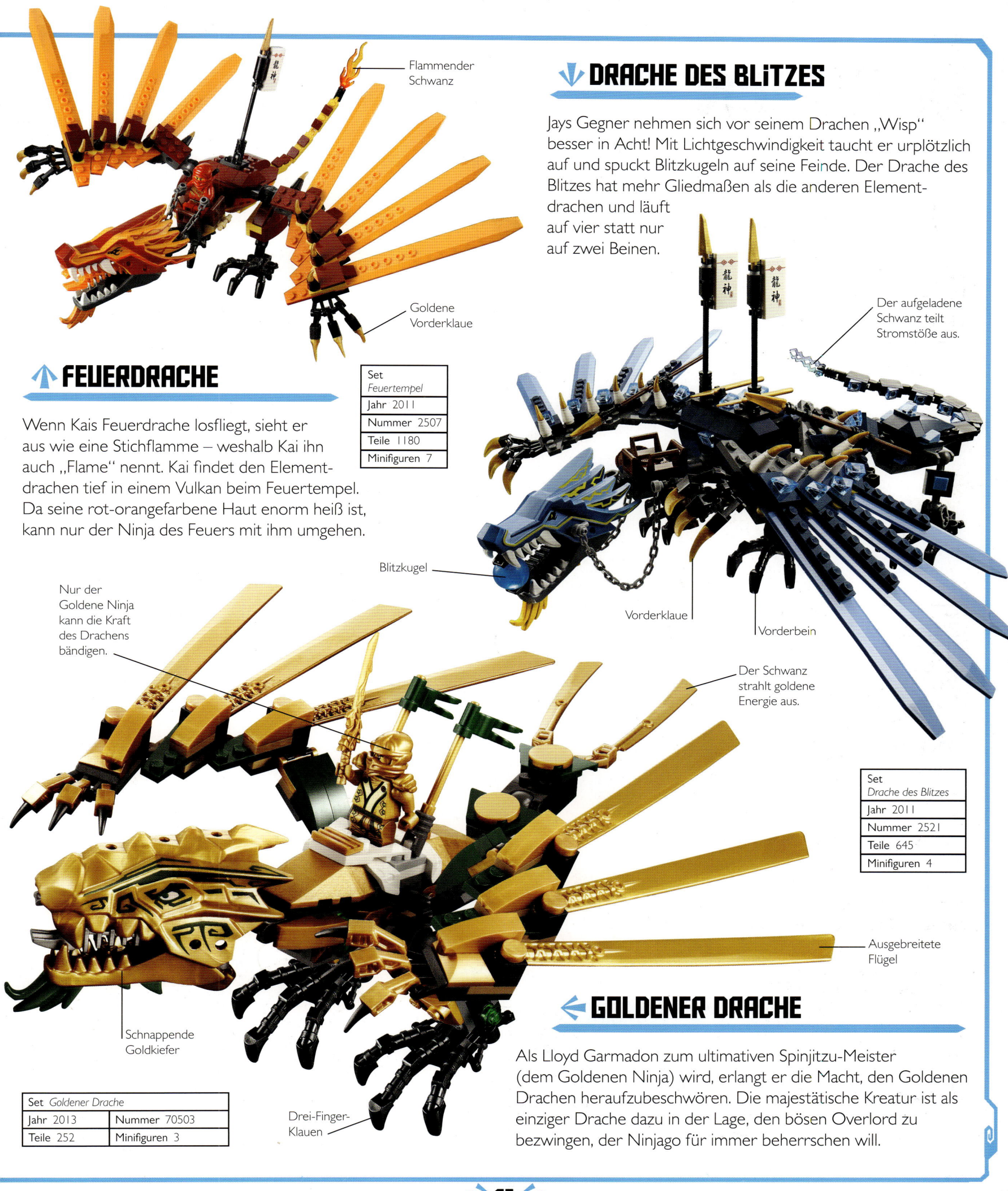

ROBOTER

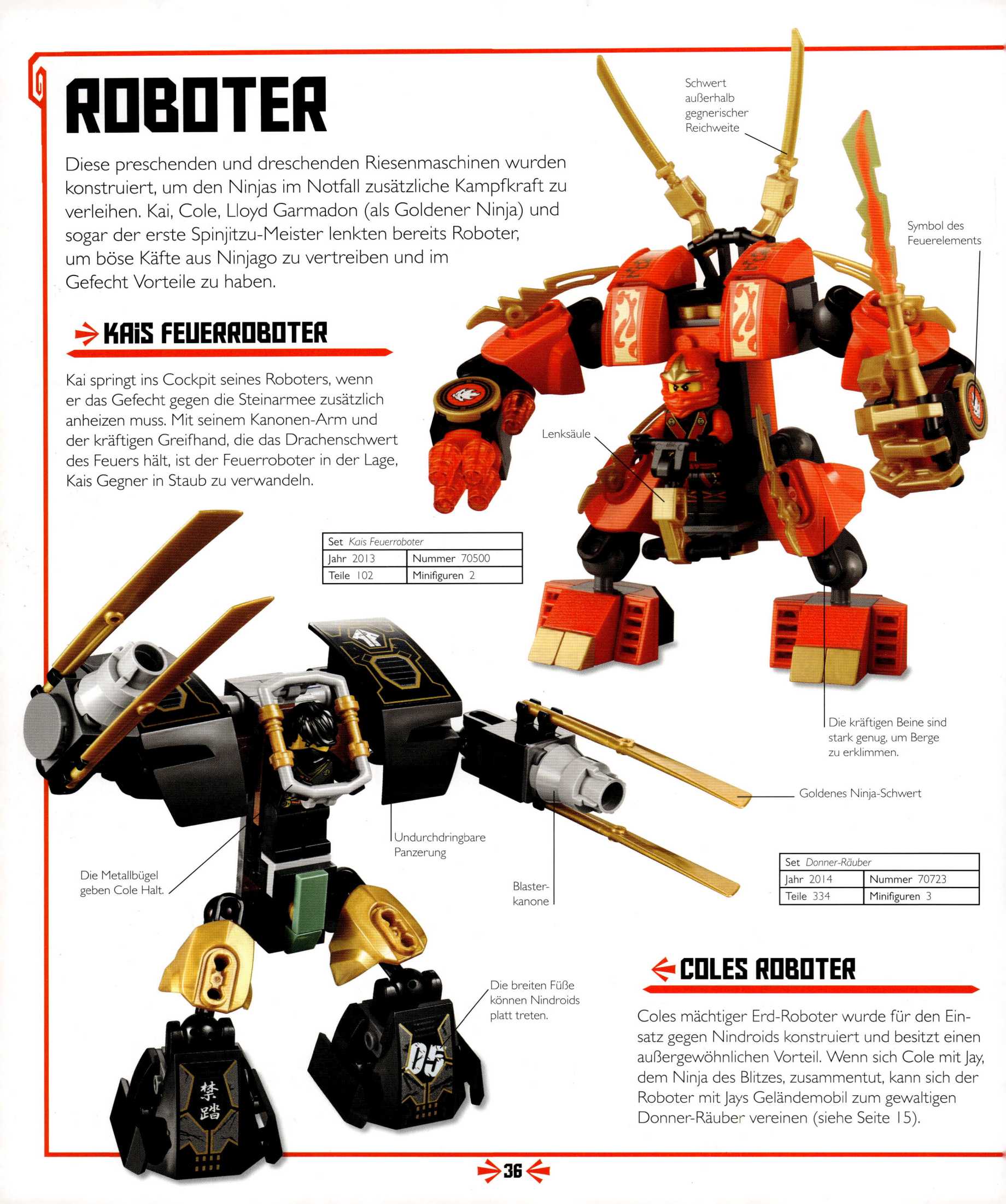

Diese preschenden und dreschenden Riesenmaschinen wurden konstruiert, um den Ninjas im Notfall zusätzliche Kampfkraft zu verleihen. Kai, Cole, Lloyd Garmadon (als Goldener Ninja) und sogar der erste Spinjitzu-Meister lenkten bereits Roboter, um böse Käfte aus Ninjago zu vertreiben und im Gefecht Vorteile zu haben.

▶ KAIS FEUERROBOTER

Kai springt ins Cockpit seines Roboters, wenn er das Gefecht gegen die Steinarmee zusätzlich anheizen muss. Mit seinem Kanonen-Arm und der kräftigen Greifhand, die das Drachenschwert des Feuers hält, ist der Feuerroboter in der Lage, Kais Gegner in Staub zu verwandeln.

Schwert außerhalb gegnerischer Reichweite

Symbol des Feuerelements

Lenksäule

Die kräftigen Beine sind stark genug, um Berge zu erklimmen.

Set	Kais Feuerroboter	
Jahr	2013	Nummer 70500
Teile	102	Minifiguren 2

Goldenes Ninja-Schwert

Die Metallbügel geben Cole Halt.

Undurchdringbare Panzerung

Blasterkanone

Die breiten Füße können Nindroids platt treten.

◀ COLES ROBOTER

Coles mächtiger Erd-Roboter wurde für den Einsatz gegen Nindroids konstruiert und besitzt einen außergewöhnlichen Vorteil. Wenn sich Cole mit Jay, dem Ninja des Blitzes, zusammentut, kann sich der Roboter mit Jays Geländemobil zum gewaltigen Donner-Räuber vereinen (siehe Seite 15).

Set	Donner-Räuber	
Jahr	2014	Nummer 70723
Teile	334	Minifiguren 3

STEINDATEN

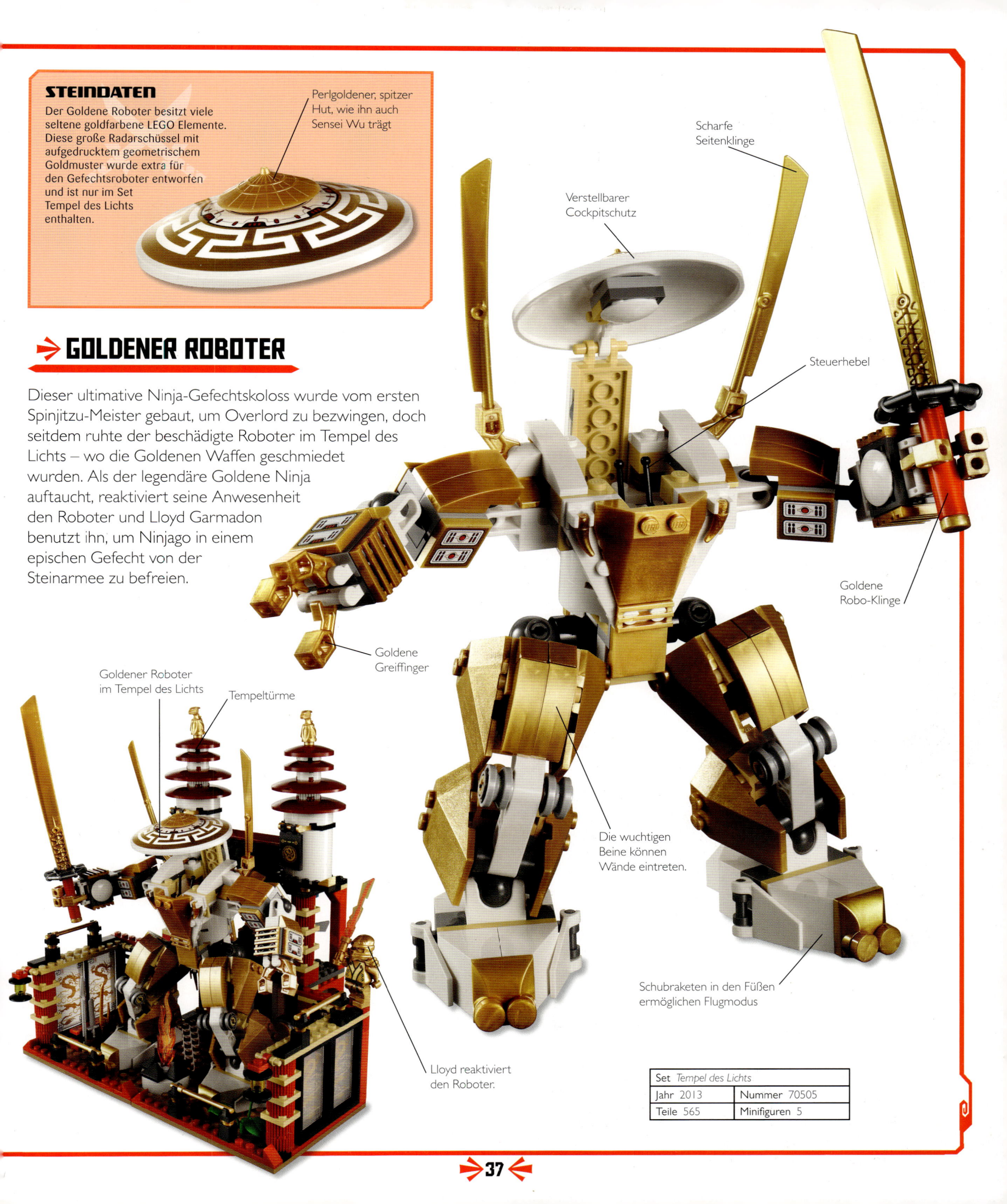

Der Goldene Roboter besitzt viele seltene goldfarbene LEGO Elemente. Diese große Radarschüssel mit aufgedrucktem geometrischem Goldmuster wurde extra für den Gefechtsroboter entworfen und ist nur im Set Tempel des Lichts enthalten.

Perlgoldener, spitzer Hut, wie ihn auch Sensei Wu trägt

→ GOLDENER ROBOTER

Dieser ultimative Ninja-Gefechtskoloss wurde vom ersten Spinjitzu-Meister gebaut, um Overlord zu bezwingen, doch seitdem ruhte der beschädigte Roboter im Tempel des Lichts – wo die Goldenen Waffen geschmiedet wurden. Als der legendäre Goldene Ninja auftaucht, reaktiviert seine Anwesenheit den Roboter und Lloyd Garmadon benutzt ihn, um Ninjago in einem epischen Gefecht von der Steinarmee zu befreien.

Scharfe Seitenklinge

Verstellbarer Cockpitschutz

Steuerhebel

Goldene Robo-Klinge

Goldene Greiffinger

Goldener Roboter im Tempel des Lichts

Tempeltürme

Die wuchtigen Beine können Wände eintreten.

Schubraketen in den Füßen ermöglichen Flugmodus

Lloyd reaktiviert den Roboter.

Set	Tempel des Lichts	
Jahr	2013	Nummer 70505
Teile	565	Minifiguren 5

KAPITEL 2: FEINDE

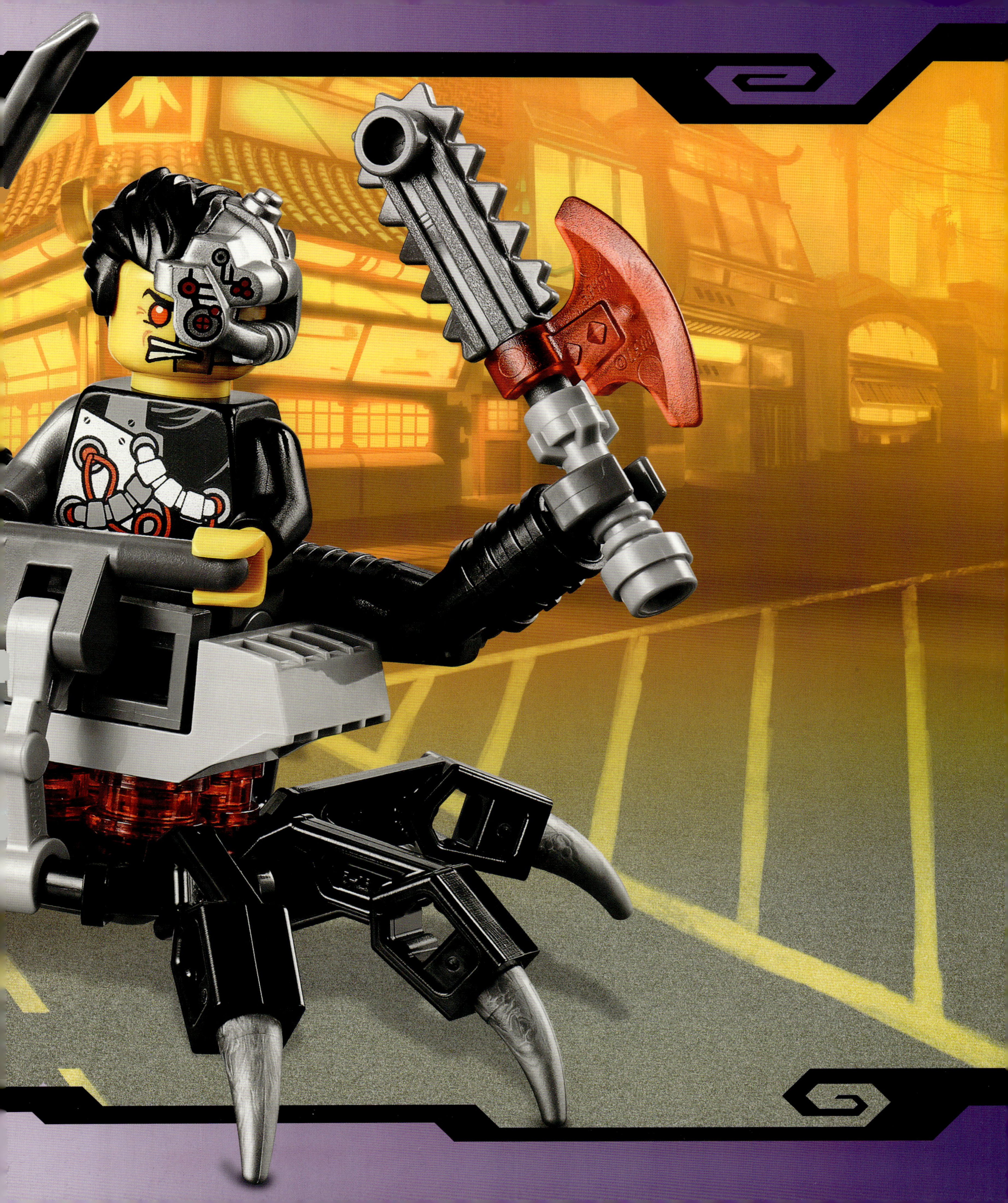

LORD GARMADON

Unterwelthelm
Sichtbare Rippen
Lila Schärpe
Raketenwerfer

Lord Garmadon, Sensei Wus entfremdeter Bruder und Vater von Lloyd Garmadon, wurde nicht böse geboren. Ein Biss des Großen Schlangenmeisters infizierte ihn mit Bösartigkeit. Seit dieser Verwandlung in einen gehässigen Schurken giert er danach, Ninjago zu vernichten.

➤ DUNKLE FESTUNG

Als Lord Garmadon die Unterwelt betritt, reißt er die Krone des Königs der Unterwelt an sich, übernimmt die Kontrolle über die Skelettarmee und bezieht diese Furcht einflößende Festung. Seine Handlanger halten von Wachtürmen aus Ausschau nach Eindringlingen, während Garmadon von seinem fliegenden Thron aus sein dunkles Reich überblickt.

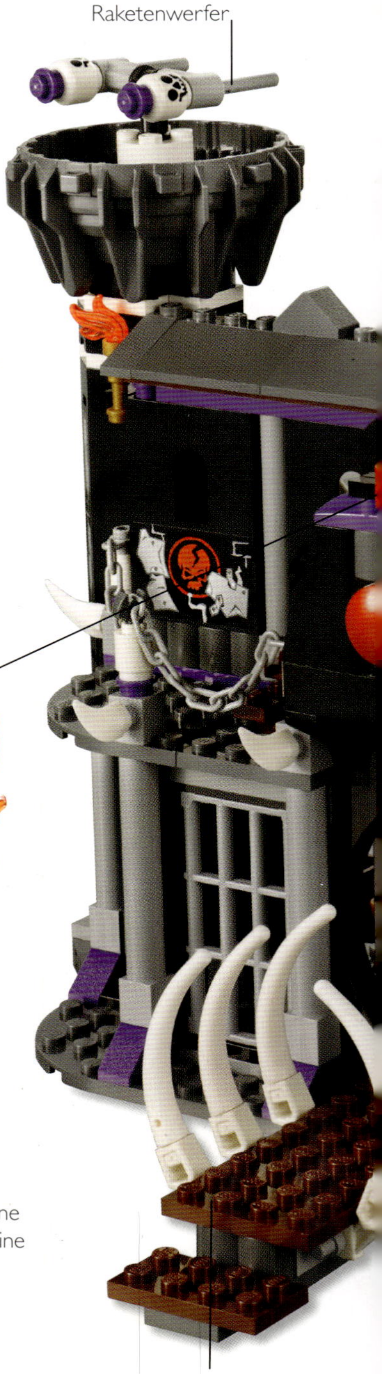

⬆ LORD GARMADON

Aus einem Duell mit seinem Bruder (einst sein treuester Mitstreiter) ging Wu als Sieger hervor. Er verbannte Garmadon in die Unterwelt. Dessen Haut färbte sich völlig schwarz, Knochen und Zähne traten hervor und seine Augen fingen an, rot zu leuchten. Die Verwandlung zum Bösen war damit vollkommen.

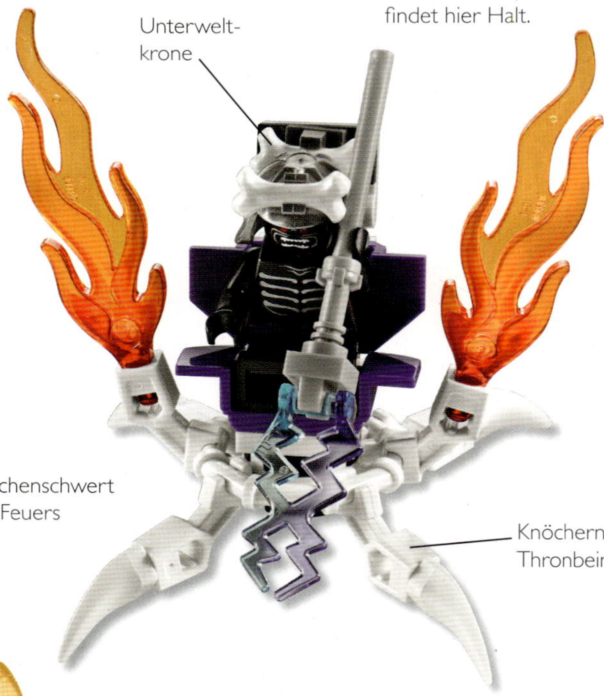

Unterweltkrone
Die Wächterspinne findet hier Halt.
Nunchakus des Blitzes
Drachenschwert des Feuers
Knöcherne Thronbeine
Sense des Donners
Wurfstern des Eises
Mit Stoßzähnen bewehrte Zugbrücke

LORD GARMADON (VIER ARME)
Der Aufenthalt in einer mysteriösen Dimension, in der Gut und Böse nicht ausgeglichen sind, verleiht Lord Garmadon noch mehr Macht – ihm wächst ein zweiter Torso und ein weiteres Paar Arme!

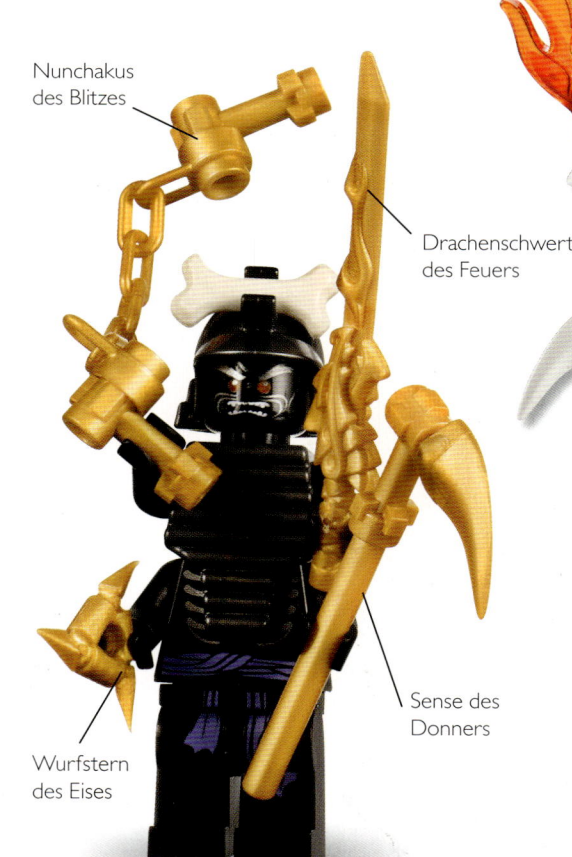

⬅ DIE VIER GOLDENEN WAFFEN DES SPINJITZU

Seit seiner bösen Verwandlung will Lord Garmadon seinem Bruder Wu die Goldenen Waffen des Spinjitzu stehlen. Mit vier Armen und gesteigerter Kraft hat er die ungeheure Fähigkeit, alle vier Waffen gleichzeitig zu führen. Lord Garmadon vereint die vier Goldenen Waffen bei der Rückkehr des vierköpfigen Drachens (Set 9450).

Set	Garmadons Festung		
Jahr	2011	Nummer	2505
Teile	518	Minifiguren	6

Flammengetriebener, fliegender Thron

Drehbarar Wachturm

Symbol der Skelettarmee

Das aufklappbare Grab enthält eine gruselige Skelett-Überraschung.

Nya ist im Turmverlies gefangen.

SKELETTSPINNE
Diese Skelettspinne sitzt über dem Tor der Festung und stürzt sich auf unliebsame Ninja-Eindringlinge hinab.

Reißzahn

↓ LORD GARMADON (HELM DER SCHATTEN)

Der Helm ist neu, aber Garmadon ist so böse wie eh und je. Der Helm der Schatten verleiht ihm die Kontrolle über die Steinarmee und löst den Countdown zum prophezeiten Endkampf um Ninjago aus. Diese Variante Garmadons gibt es nur im Set Tempel des Lichts (Nummer 70505), wo das letzte Gefecht ausgetragen wird.

Horn der Steinarmee

Herrscherstab

Voller, grauer Haarschopf

Ninja-Kimono

← SENSEI GARMADON

Ist das wirklich Lord Garmadon? Er hat dem Bösen entsagt und besitzt wieder einen menschlichen Körper. Als ergrauter, faltiger, alter Mann unterrichtet er nun seinen geliebten Sohn Lloyd und die anderen Ninjas. Diese Minifigur befindet sich im Einsatz gegen den Nindroid Robo-Drachen (Set 70725).

DIE SKELETTARMEE

Die Skelettarmee, auch bekannt als die Skelettritter, kommt aus der Unterwelt – einem finsteren Reich, in dem Ninjagos Tote wiederauferstehen. Das knöcherne Heer dient Lord Garmadon, der sich zum König der Unterwelt erklärt hat. Er will die Goldenen Waffen finden, um mit deren vereinter Kraft Ninjago zu beherrschen. Die Skelettritter sind bereit, dabei mitzumachen und ihm zu helfen.

Metallhelm
Monokel
Symbol der Skelettarmee

KRUNCHA

General Kruncha nimmt seine Rolle sehr ernst. Als einziger Skelettritter trägt er immer einen Helm, der an seinem Kopfteil befestigt ist. Krunchas Mühen für die Skelettarmee zahlen sich schließlich aus – er wird zum Anführer, als sein Chef Samukai im Gefecht besiegt wird.

Gefechtskerben und Risse
Metallene Augenklappe
Kopfstachel
Zweites Paar Arme

SAMUKAI
Das vierarmige Skelett ist General und Lord Garmadons Stellvertreter. Samukai ist die einzige Ninjago Minifigur mit beweglichem Mund – so kann er seine Soldaten besser anschreien.

NUCKAL
Gefechte sind Nuckals Definition von Spaß, doch wirklich gut tut das dem Skelettgeneral nicht – er hat ein Auge verloren und trägt eine festgenietete Augenklappe.

NUCKALS QUADBIKE

Diesem Schurkenmobil mit Vierrad-Aufhängung stellt sich nichts in den Weg. Unter der gruseligen, totenkopfförmigen Motorhaube verbirgt sich ein Raketenwerfer.

Stoßzähne schützen das Heck.
Auspuffflammen
Gashebel
Federnde Radachse
Stachel-Rad
Dornige Knochenaxt

GEFECHTSBEREIT
Wenn Nuckal mit seinem Quadbike (Set 2518) zum Spinjitzu-Trainingszentrum (Set 2504) braust, trägt er bewegliche Handclips, um seine Waffen besser schwingen zu können.

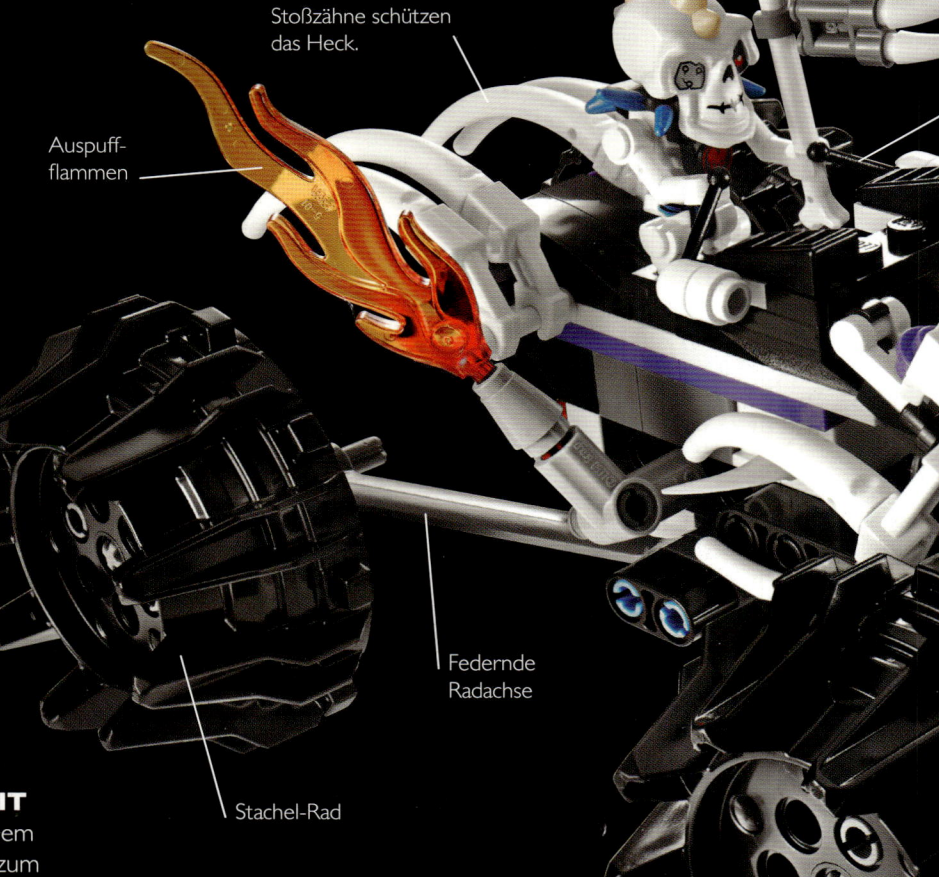

Set	Nuckals Quadbike	
Jahr	2011	Nummer 2518
Teile	174	Minifiguren 2

MONSTER TRUCK

Die Ausstattung des Monster Trucks ist der Albtraum eines jeden Ninjas. Vorn kann die Kiefer-Stoßstange, die im Takt der Federung zuschnappt, Ninjas gefangen nehmen. Hinten sitzt eine Knochenfaustschleuder, umgeben von zwei Knochenkäfigen.

GERÄTEGREIFER
In den meisten Sets besitzt Wyplash senkrechte Handclips, um seine Ausrüstung auf Gegner zu richten. In seinem Spinner Set (2175) sitzen die Hände waagerecht, damit quer gehaltene Waffen beim Spinnen die Gegner umhauen.

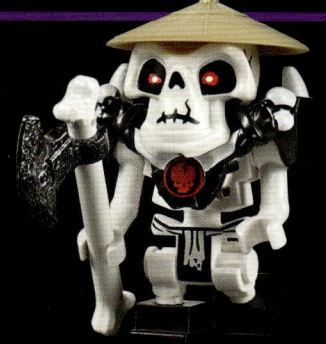

WYPLASH
Wachsam späht der argwöhnische General Wyplash unter seinem spitzen Hut nach dem Gegner. Der Hut passt auf die Noppe an seinem Schädel-Kopfteil.

STEINDATEN
Die Aufhängung des Monster Trucks (Set 2506) besteht aus LEGO® Technic Elementen und verleiht ihm dank Stoßdämpfern, Streben und Stiften erhöhte Beweglichkeit.

Abgefeuerte Knochenfaust

Set	
Monster Truck	
Jahr	2011
Nummer	2506
Teile	515
Minifiguren	4

Motor

Knochenfaustschleuder

Flutlicht

Seitenkäfig

Auspuffflamme

Stoßdämpfende Aufhängung

Die Noppen halten Ninja Minifiguren zwischen den Kiefern fest.

Gummibereifung

Die roten Totenkopfaugen dienen als Scheinwerfer.

KRAZI
Krazi ist genauso verrückt, wie es sein Name andeutet. Das irrsinnige Make-up des unberechenbaren Skeletts weist jedoch auf das Gegenteil hin: Mit ihm ist nicht zu spaßen!

KRAZI MIT NARRENKAPPE
Im Gefecht mit dem Eisdrachen (Set 2260) trägt Krazi nur eine Narrenkappe und keine Rüstung. Das alberne Auftreten täuscht: Seine Kampfkünste sind bitterer Ernst.

SKELETT-RITTER

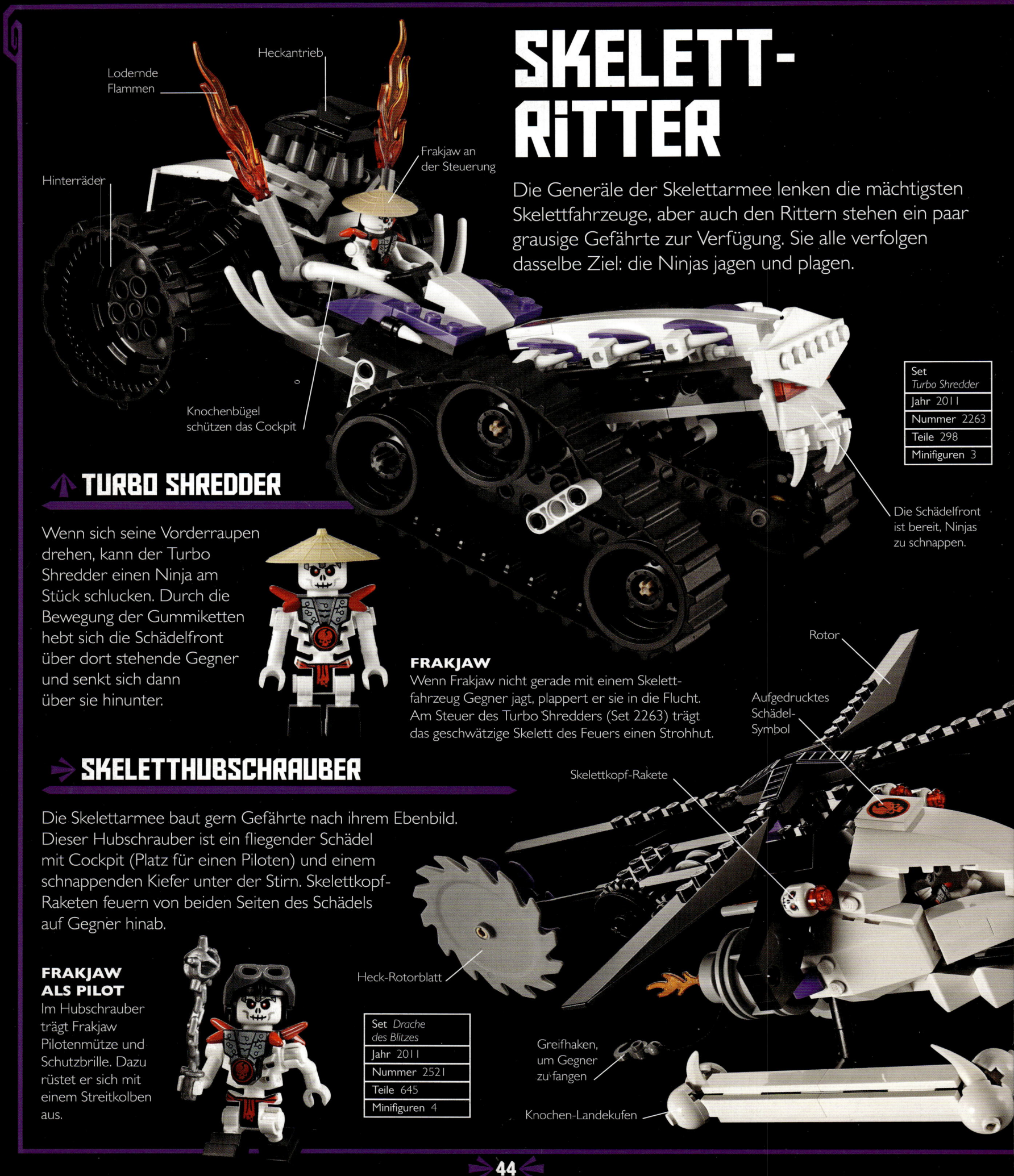

Die Generäle der Skelettarmee lenken die mächtigsten Skelettfahrzeuge, aber auch den Rittern stehen ein paar grausige Gefährte zur Verfügung. Sie alle verfolgen dasselbe Ziel: die Ninjas jagen und plagen.

Lodernde Flammen
Heckantrieb
Frakjaw an der Steuerung
Hinterräder
Knochenbügel schützen das Cockpit
Die Schädelfront ist bereit, Ninjas zu schnappen.

Set	Turbo Shredder
Jahr	2011
Nummer	2263
Teile	298
Minifiguren	3

▲ TURBO SHREDDER

Wenn sich seine Vorderraupen drehen, kann der Turbo Shredder einen Ninja am Stück schlucken. Durch die Bewegung der Gummiketten hebt sich die Schädelfront über dort stehende Gegner und senkt sich dann über sie hinunter.

FRAKJAW
Wenn Frakjaw nicht gerade mit einem Skelettfahrzeug Gegner jagt, plappert er sie in die Flucht. Am Steuer des Turbo Shredders (Set 2263) trägt das geschwätzige Skelett des Feuers einen Strohhut.

▶ SKELETTHUBSCHRAUBER

Die Skelettarmee baut gern Gefährte nach ihrem Ebenbild. Dieser Hubschrauber ist ein fliegender Schädel mit Cockpit (Platz für einen Piloten) und einem schnappenden Kiefer unter der Stirn. Skelettkopf-Raketen feuern von beiden Seiten des Schädels auf Gegner hinab.

Rotor
Aufgedrucktes Schädel-Symbol
Skelettkopf-Rakete
Heck-Rotorblatt
Greifhaken, um Gegner zu fangen
Knochen-Landekufen

FRAKJAW ALS PILOT
Im Hubschrauber trägt Frakjaw Pilotenmütze und Schutzbrille. Dazu rüstet er sich mit einem Streitkolben aus.

Set	Drache des Blitzes
Jahr	2011
Nummer	2521
Teile	645
Minifiguren	4

SKELETT CHOPPER

Die lange Vorderradgabel dieses Motorrads verbirgt eine tückische Geheimfunktion. Betätigt der Fahrer einen Hebel zu seiner Rechten, schnellt die Frontverkleidung katapultartig nach vorn, um die Gegner aus dem Weg zu räumen.

Set	
Skelett Chopper	
Jahr	2011
Nummer	2259
Teile	157
Minifiguren	2

Katapultauslöser

Die Knochenbremse blockiert das Hinterrad.

Auspuff mit Flammenausstoß

Metallkette

MOTORRAD-CHOPOV

Der sicherheitsbewusste Chopov setzt einen schwarzen Helm auf, um seinen Schädel zu schützen, wenn er auf den Skelett Chopper (Set 2259) steigt. Er trägt ihn exklusiv nur in diesem Set.

Die Rüstung zeigt den Rang eines Ritters an.

CHOPOV

Als Chefmechaniker der Skelettarmee ist Chopov für das reibungslose Funktionieren des Skelettfuhrparks verantwortlich. Als Skelett der Erde trägt er meist eine dunkelgraue Rüstung, aber auf manchen LEGO Promotion-Sets ist er in Frakjaws roter Feuerskelett-Rüstung zu sehen.

STEINDATEN

Exklusiv ohne Kopfbedeckung und Rüstung erschien Frakjaw nur in DKs LEGO Ninjago Buch&Steine-Set (2011) und im Promotion-Set Skeleton Chopper (Set 30081), das im Mai 2011 der englischen Zeitung *The Sun* beilag.

Freier Brustkorb

BONEZAI

Bonezai sieht mit seinen seltsamen roten Augen leicht dümmlich aus, doch er ist recht clever. Er entführte Zanes Erfindervater und zwang ihn, Skelettfahrzeuge zu bauen.

BLANKER BONEZAI

Bonezai trägt nur im Spinner Set (2115) eine Rüstung. Die Sets Spinjitzu Arena (2520), Garmadons Festung (2505) und Ninja Hinterhalt (2258) präsentieren ihn oben ohne.

DIE SCHLANGEN

Einst herrschten diese Reptilien über Ninjago. Die fünf Schlangenstämme mit ihren unterschiedlichen Fähigkeiten bekämpften sich gegenseitig, bis sich die Bevölkerung Ninjagos wehrte und sie in fünf voneinander getrennte Gräber sperrte. Jahrhunderte später kehren sie zurück – bereit, über Ninjago und seine Bewohner herzufallen.

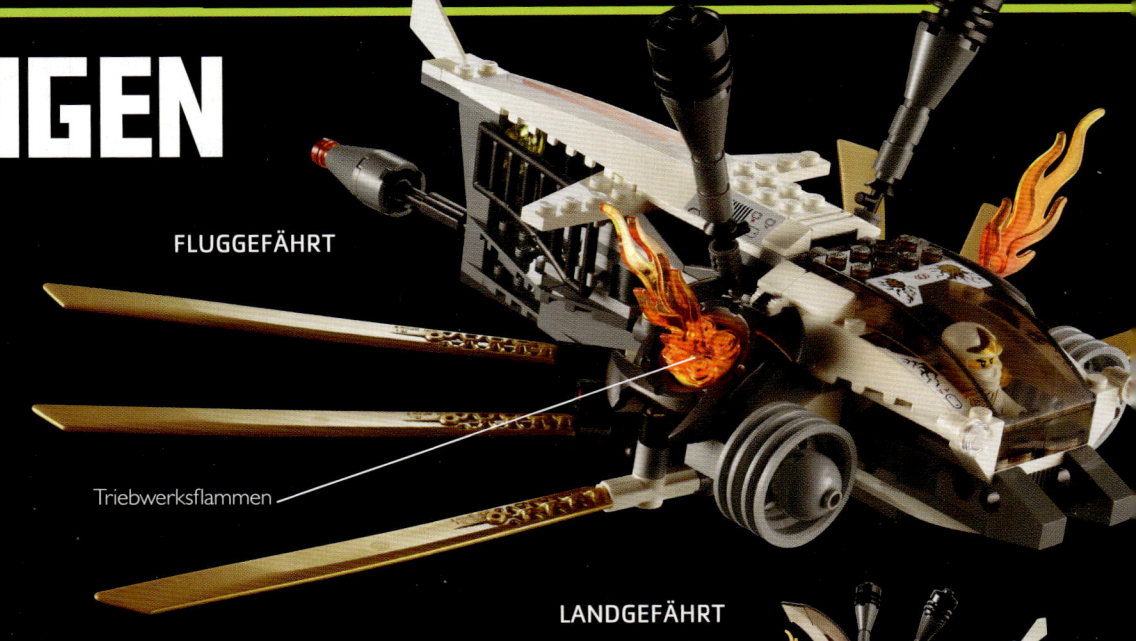

FLUGGEFÄHRT

Triebwerksflammen

LANDGEFÄHRT

SCHLANGENMEISTER

Die Schlangen verehren den Großen Schlangenmeister als ihren Gott und Herrscher. Das Riesenreptil hat einen unstillbaren Appetit und wird mit jedem Bissen größer und mächtiger. Seine Kiefer öffnen sich weit genug, um einen Ninja im Ganzen zu verschlucken.

ULTRASCHALL RAIDER

Als der Große Schlangenmeister den *Flugsegler* zerstört, vereinen die Ninjas ihre Element-Kräfte, um den Ultraschall Raider zu bauen. Mit diesem Gefährt können sie zu Land und in der Luft gegen ihre züngelnden Gegner vorgehen.

Set *Ultraschall Raider*	
Jahr 2012	Nummer 9449
Teile 622	Minifiguren 6

ZUGEBISSEN
In das Maul des Großen Schlangenmeisters passt eine ganze Minifigur. Schnappen die Kiefer zu, ist die Minifigur darin gefangen.

Jay

Böser Blick

Reißzahn

Gefangenenraum

PYTHOR
Pythor P. Chumsworth ist der letzte Überlebende des Stammes der Anacondrai. Seine Minifigur liegt exklusiv dem Ultraschall Raider (Set 9449) bei.

Vipernbrunnen

Scimitarschwert

Aus den Schlangenmäulern trieft Gift.

GEFÄNGNISTURM

Als der Große Schlangenmeister Sensei Wu gefangen nimmt, sperrt er ihn in einen ausbruchsicheren Gefängnisturm. Die Tage seiner Gefangenschaft hat Wu als Strichliste in die Zellenwand geritzt.

Stacheliger Schwanz

Set *Rückkehr des vierköpfigen Drachens*	
Jahr 2012	Nummer 9450
Teile 915	Minifiguren 7

Tödliche Spinne

DIE GIFTNATTERN

Wenn diese Schlangen ihr Gift verspritzen, ist Vorsicht geboten! Es verursacht Halluzinationen und Angstzustände. Angeführt von Acidicus lebt der Giftnatternstamm in Sümpfen, die so giftig sind, dass niemand sonst dort überleben kann.

➡ GENERAL ACIDICUS

Wie alle Schlangenanführer hat Acidicus einen langen Schwanz statt menschenähnlicher Beine, wie es bei seinen Untergebenen der Fall ist. Er ist der Kopf eines Stammes, der insgesamt nur wenig Köpfchen hat.

⬇ SCHLANGEN-MOTORRAD

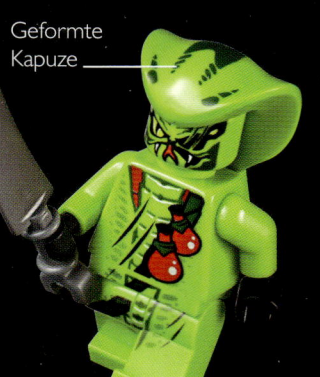

Kein Zweifel, wem dieses giftgrüne Gefährt gehört – es sieht ihm sehr ähnlich! Lasha peinigt seine Gegner mit dem Schlagschwanz des Schlangenbikes, der während der Fahrt in alle Richtungen austeilt.

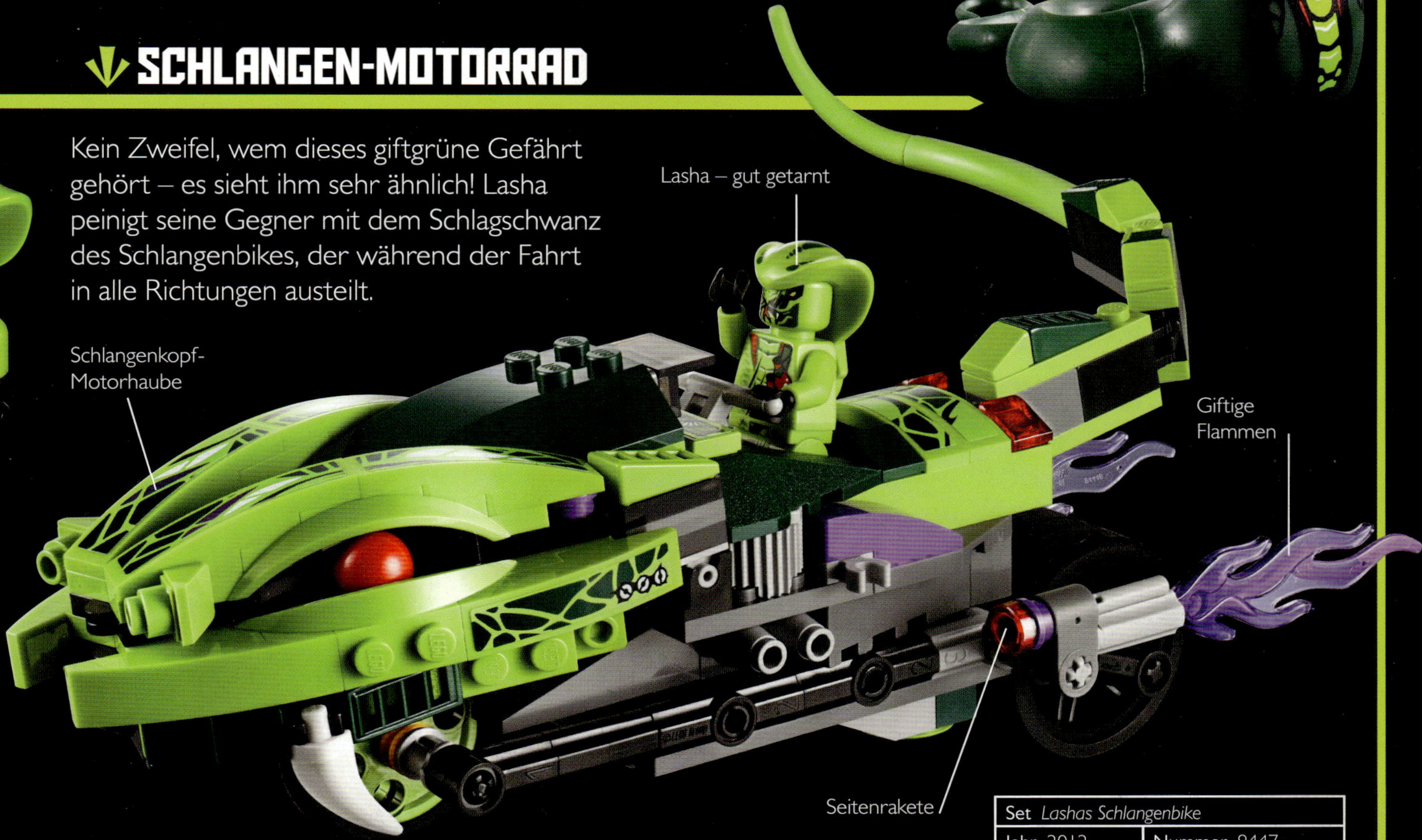

Geformte Kapuze
Lasha – gut getarnt
Schlangenkopf-Motorhaube
Giftige Flammen
Seitenrakete

LASHA
Alle Giftnattern haben vier gelbe Augen, nur nicht der dreiäugige Lasha, der eines im Gefecht verloren hat. Der Kopf seiner Minifigur hat an der Stelle zwei Narben.

Set	Lashas Schlangenbike	
Jahr	2012	Nummer 9447
Teile	250	Minifiguren 2

➡ NATTERNSCHREIN

Umgeben von giftigem Schleim ruht im Schrein der Giftnattern der Goldene Schlangenstab, der kostbares Gegengift enthält. Doch Vorsicht: Wer sich ihm nähert, könnte von Minischlangen angefallen werden!

Abschussbereite Minischlange
Minischlangen-Abschussplattform

SPITTA
Nattern-Jäger Spitta nimmt zwei rote Flaschen voll Gift mit ins Gefecht, damit es ihm nicht ausgeht – eine Taktik, die ihm sein Anführer Acidicus beigebracht hat.

LIZARU
Als Nattern-Offizier ist Lizaru der Stellvertreter von Acidicus. Sein Kopf ähnelt dem des Anführers – mit grünen statt weißen Stacheln.

Set	Schrein der Giftnattern
Jahr	2012
Nummer	9440
Teile	86
Minifiguren	1

DIE BEISS-VIPERN

Ein Biss der rot-weißen Vipern kann ihre Opfer zu Stammesmitgliedern machen. Ihr unheilvolles Gift verwandelt Lebewesen in Schlangen und Gegenstände in lebende Vipern-Maschinen mit bösen roten Augen und peitschenden Schwänzen. Ihr Anführer ist Fangtom – eine grausige, zweiköpfige Schlange.

Set *Schlangen-Quad*	
Jahr 2012	Nummer 9445
Teile 452	Minifiguren 4

▶ VIPERN-VIERRAD

Dieser Monster Truck wurde durch einen Schlangenbiss geschaffen und besitzt auch ordentlich Biss! Und wer den schnappenden Frontkiefern entgeht, muss sich immer noch vor dem peitschenden Heckschwanz hüten, der durch Drehung eines Rades an der Unterseite bewegt wird.

Schlangen-Spinner-Krone als Radkappe

Verborgenes Bombenfach

FANGTOM
Dem Vipern-General wuchs ein zweiter Kopf, als er sich aus Versehen selbst biss. Oft bringt ein Kopf den Satz des anderen zu Ende. Nur beim Schlangen-Quad ist seine Minifigur dabei.

FANGDAM
Fangdam ist der Stellvertreter seines Bruders Fangtom. Er besitzt auch zwei Köpfe, ist aber etwas anders bedruckt und hat mehr Weiß am Körper.

▶ RATTLECOPTER

Der Rattlecopter ist das einzige flugfähige Schlangengefährt. Das von Fang-Suei besetzte Ein-Mann-Cockpit fügt sich in den Schlangenkopf-Rumpf ein. Die Bombenabwurffunktion lässt giftige Minischlangen auf Gegner herabregnen.

Geneigte Rotorblätter

Schlangen-Spinner-Heckrotor

Bombenabwurfauslöser

Set *Rattlecopter*	
Jahr 2012	Nummer 9443
Teile 327	Minifiguren 3

FANG-SUEI
Fang-Suei ist der Stärkste unter den Vipernjägern. Vorsicht vor seinen weißen Reißzähnen, die er immerzu in frischem Fleisch versenken will – oder in etwas Süßem!

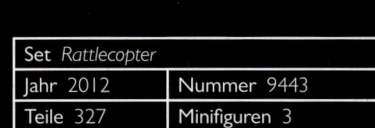

Verstellbare Flügel

Scharfer Reißzahn

→ VIPERN-ROBOTER

Nicht nur die Ninjas treten mit Robotern an. Die Beißvipern haben einen Schlangen-Läufer entwickelt. Seine Arme feuern giftige Schnellfeuerraketen ab, während seine Greifhände Minifiguren packen. Das Set erschien in den USA exklusiv bei Walmart.

Aufklappbares Cockpit

Fang-Suei im Cockpit

Einsatzbereite Reißzähne

Schwenkbare Füße

Gespaltene Zunge

Windenhebel

Flexibler Schwanz

Flutlicht

Abrissbirne

Schnappender Schlangenkopf

Raupenketten

Kran-Cockpit

Set Schlangen-Läufer	
Jahr 2012	Nummer 9455
Teile 255	Minifiguren 2

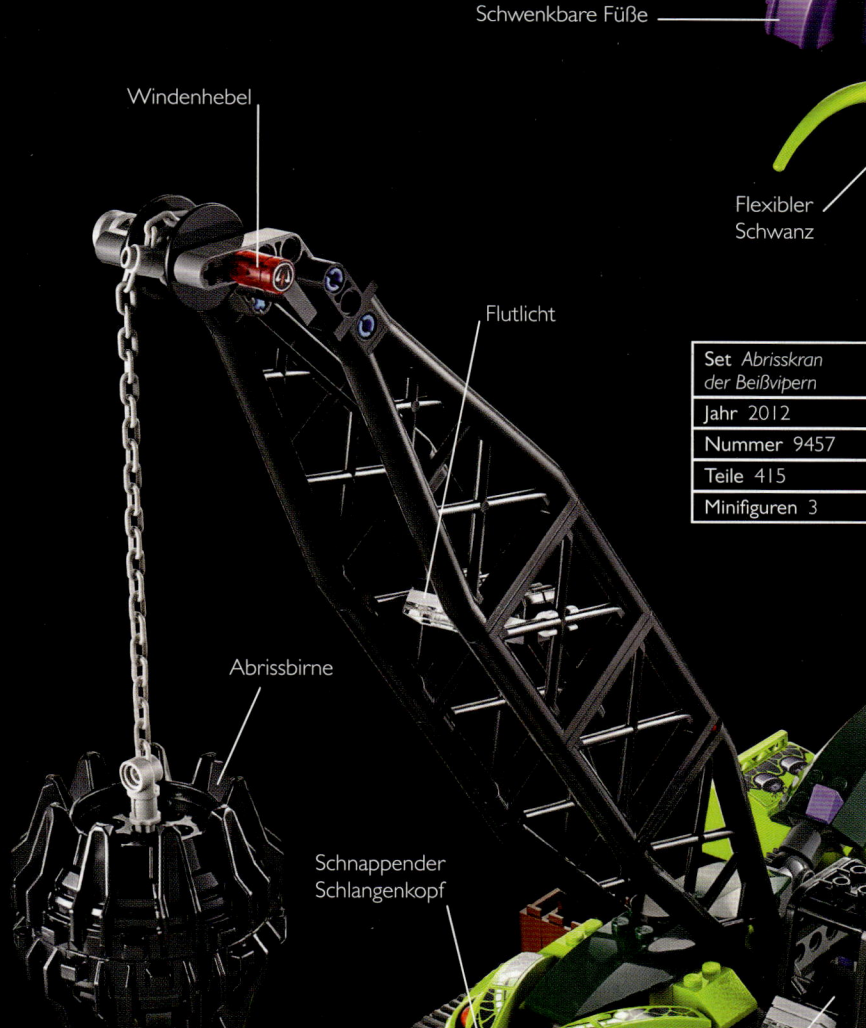

Set Abrisskran der Beißvipern
Jahr 2012
Nummer 9457
Teile 415
Minifiguren 3

Gegengift

SCHLANGEN-SCHREIN
Snappa beschützt den Schlangenstab mit dem starkem Gegengift vor Ninja Jay im Donner-Jet (Set 9442). Der Schrein steht hoch oben auf einer Klippe.

SNAPPA
Der verschlagene Blick des Vipern-Spähers weist auf Snappas schnippischen Charakter hin. Die rot-weiße Kopfbedeckung zieht sich wie ein Schlangenschwanz seinen Rücken hinunter.

→ ABRISSBIRNE

Dieses Monstrum von einem Fahrzeug ist das zerstörerischste im Fuhrpark der Schlangen. Der Abrisskran der Beißvipern rollt auf Ketten in gegnerisches Gebiet, lässt die Abrissbirne an der einstellbaren Winde schwingen und zertrümmert alles, was ihm in die Quere kommt.

49

→ SCHLANGEN-SCHREIN

Skales und Slithraa beschützen den Schlangenschrein, als die Ninjas kommen, um den Stab der Hypnokobras zu suchen, der ein Anti-Hypnosemittel enthält. Die Ninjas müssen die schuppigen Gegner meiden und den giftigen Wasserfall umgehen, der den Stab umgibt.

MEZMO
Der beharrliche Hypnokobra-Ritter hält nie mit seiner Meinung hinterm Berg. Mezmo ist eine seltene Minifigur, die es nur in einem Set gibt: dem Mezmo Booster Pack (Set 9555).

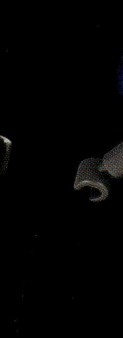

SLITHRAA
Slithraa war General der Hypnokobras bis sein Stellvertreter Skales den Titel für sich beanspruchte und Slithraa den Rang eines Jägers zuwies.

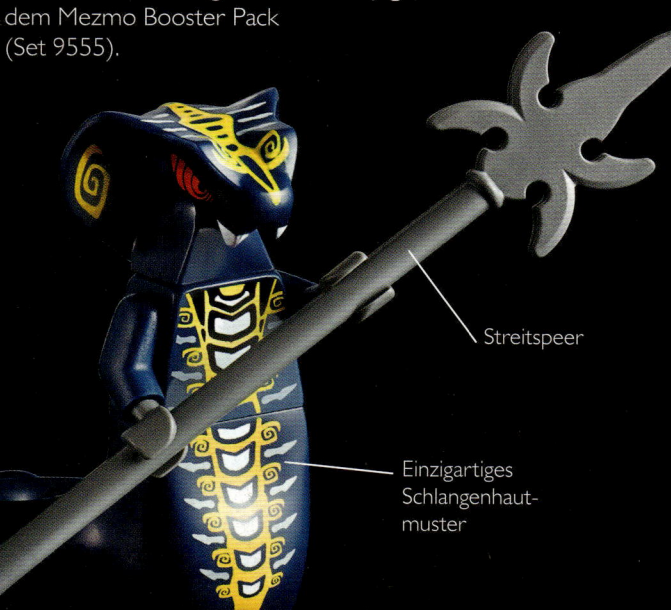

Streitspeer

Einzigartiges Schlangenhautmuster

↑ SKALES

Anführer der Hypnokobras und aller anderen Schlangen zu werden, kostete Skales viel Mühe. Dafür musste er seine Autorität gegen die anderen Generäle durchsetzen. Die vier gelben Wirbel an seinem Kopf weisen auf seine gefährliche, hypnotische Überzeugungskraft hin.

DIE HYPNO-KOBRAS

Die Stärke der Hypnokobras liegt in ihrem roten, wirbeligen Blick, also nicht zu lange hinsehen! Sie hypnotisieren ihre Opfer, um dann jede ihrer Bewegungen zu kontrollieren. Ihr Anführer ist Skales – der oberste Herrscher über alle Schlangen.

Tropfendes Gift

Set	Ninja-Flugsegler	
Jahr	2012	Nummer 9446
Teile	680	Minifiguren 6

Stab der Hypnokobras

→ HYPNOKOBRA-SCHREIN

Rattla hat den Hypnokobra-Stab in diesem feurigen Schrein versteckt, als Kai, der Ninja des Feuers, ihn auf seinem Feuer-Bike (Set 9441) stibitzen will. Da er klein und überwuchert ist, könnte der Ninja ihn leicht übersehen.

Set	Kais Feuer-Bike
Jahr	2012
Nummer	9441
Teile	188
Minifiguren	2

RATTLA
Rattla ist ein Hypnokobra-Späher mit mangelnder Hypnosekraft. Ob es daran liegt, dass eines seiner Hypnose-Augen größer ist als das andere?

Ein großes rotes Auge

Dschungelboden

DIE WÜRGEBOAS

Als stärkster Stamm können die Würgeboas fester als alle anderen Schlangen zupacken und ihren Gegnern mühelos den Atem abwürgen. Sie leben in unterirdischen Höhlen und Tunnels und können ausgezeichnet graben – ein Talent, das sie für Überraschungsattacken nutzen.

Breiter Bauchpanzer

Kopfstachel

Speer

SKALIDOR

Skalidor ist sowohl von der Größe als auch vom Rang her ein echtes Schwergewicht unter den Schlangen. Die Minifigur des Boa-Anführers hat einen klobig aussehenden Kopf. Er nahm zu, während er jahrhundertelang eingesperrt war, und auch heute bekommt er nur wenig Bewegung: Skalidor findet sich nur in dem Set Rückkehr des vierköpfigen Drachens (9450).

Doppelter Axtkopf

BYTAR
Der untersetzte Jäger ist für seine Stärke bekannt. Im Schwanzringen nimmt er es mit jeder anderen Schlange auf. Wie alle Würgeboas (außer Skalidor) hat seine Minifigur kurze Beine.

Kräftiger Hals

Reißzahnklinge der Würgeboas

SNIKE
Snike ist Späher und Scharfschütze bei den Würgeboas. Seine Minifigur ist selten und erschien mit dem Samurai-Roboter (Set 9448). Er ist der einzige Schlangenkrieger, der nie in einem Spinner Set erschien.

Katapultbehälter

Set	Samurai-Roboter
Jahr	2012
Nummer	9448
Teile	452
Minifiguren	3

CHOKUN
Den Würgeboas ist Stärke wichtiger als Verstand, daher hat der schmächtige Chokun es schwer, sich hervorzutun. Sein (für Schlangen) kleiner Kopf hat silberne Schuppen und Riesenreißzähne.

KATAPULTHINTERHALT

Snike und Bytar beweisen, dass die zielstrebigen Würgeboas tatsächlich hoch hinaus wollen, als sie gegen den Samurai-Roboter (Set 9448) antreten. Mit diesem Katapult schleudern sie sich in hohem Bogen dem Ninja-Koloss entgegen.

Katapultauslöser

LEGO NINJAGO
Masters of Spinjitzu

DIE NINJAS GEGEN EIN PAAR LisSSTIGE ssSCHLANGEN!

DIE NINJAS SUCHEN ETWAS ...

— Wo ist nur die Höhle, von der Sensei Wu sprach?

— Sagte er nicht, wir sollen da nicht hin?

GEFUNDEN!

— Lasst uns mal rein-schauen ...

— Mann, ist das hier finster.

— Ich hab keine Angst im Dunkeln!

— Ich auch nicht ... echt.

— Habt ihr auch gerade etwas gehört?

— Cool bleiben! Hier ist niemand.

— Jungs, hört auf Quatsch zu machen ...

— ... ihr macht doch Quatsch, oder?

ZISCHEL!

Panel 1: ICH SPÜRE, HIER IST JEMAND. — GEHEN WIR WEITER.

Panel 2: ZISCHEL!

Panel 3: AUF DEM BODEN ... — SEHT – EINE KARTE! ECHT PRAKTISCH!

Panel 4: DAMIT VERLAUFEN WIR UNS NICHT.

Panel 5: SCHAUT! EINE LEITER! WO FÜHRT DIE WOHL HIN? — KLETTERN WIR HOCH UND SEHEN NACH. — DA GIBT'S NUR EINS!

Panel 6: KRACH!

Panel 7: OH, OH! WAS IST MIT COLE? — SCHON O.K., LEUTE. ICH FINDE EUCH.

COLE BLEIBT ZURÜCK.

... SCHNAPPT DIE FALLE ZU!

DOCH DA ...

MEINER KRAFT ENTKOMMT IHR NICHT, NINJAS!

INZWISCHEN:

ICH WERDE HILFE HOLEN.

DU MUSST UNS HELFEN, WU! DIE NINJAS WURDEN HYPNOTISIERT!

DA IST DIESER MÄCHTIGE ANTI-HYPNOSE-STAB GENAU DAS RICHTIGE.

MEIN KRASSER POWERBOHRER KOMMT AUCH NOCH MIT.

COLE LEGT LOS!

WRUMMM!

SCHLÄNGELT UM EUER LEBEN, SCHLANGEN!

DAMIT RETTE ICH DIE NINJAS.

DIE HYPNOSE ENDET.

COLE IST ECHT EIN NINJA VOM FEINSTEN!

DU BIST DER HAMMER, COLE!

DIE STEINARMEE

Seit der Zeit des ersten Spinjitzu-Meisters hatte man nichts mehr von der legendären Steinarmee gesehen, bis das Gift des Großen Schlangenmeisters sie aus dem Untergrund von Ninjago City ans Tageslicht führte. Overlord selbst erschuf die Armee aus Dunkler Materie. Nun müssen die Ninjas diese uralten Samurai endgültig begraben.

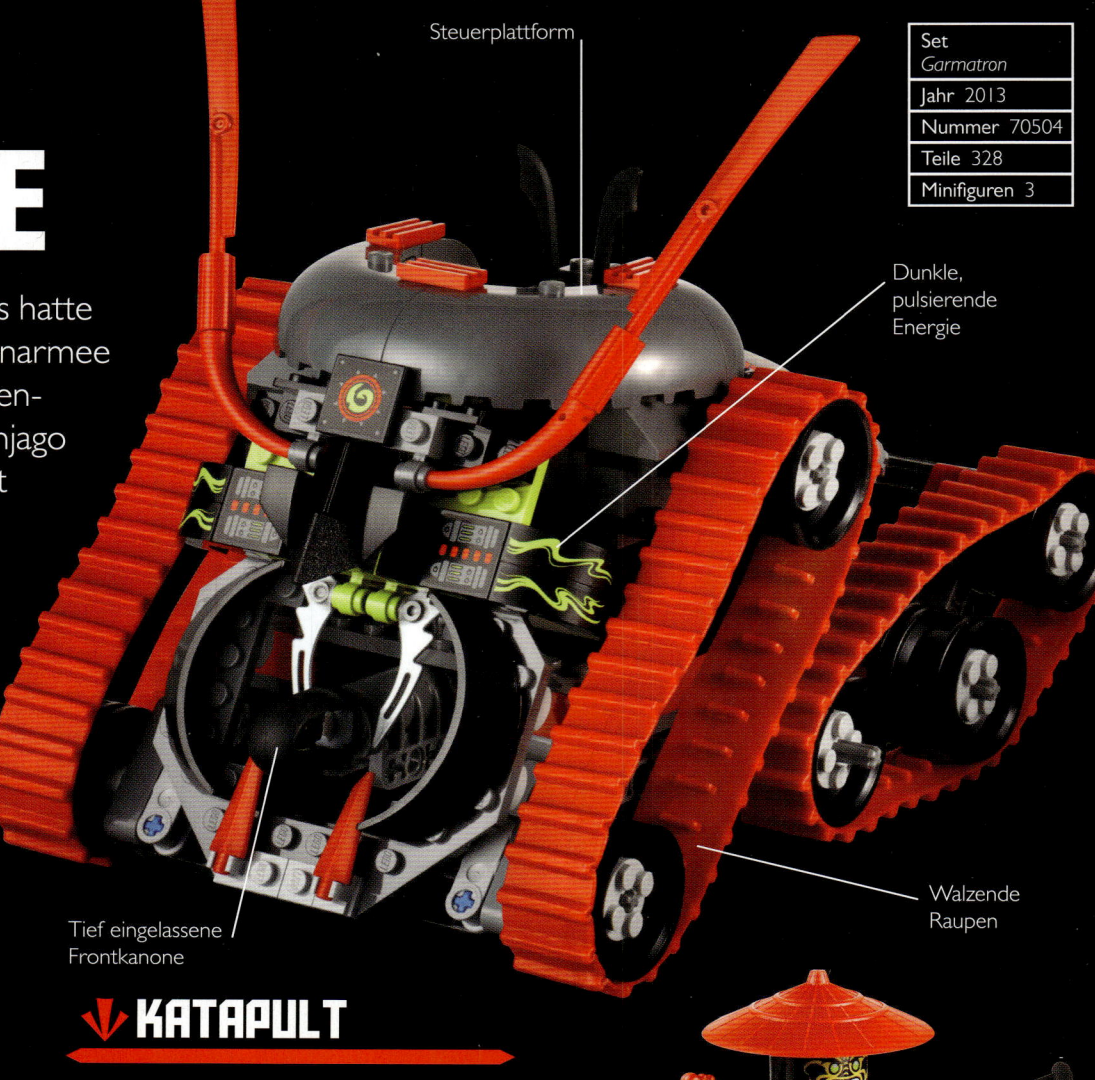

► GARMATRON

Die wiedererweckte Steinarmee verrichtet üble Arbeit: Sie baut die ultimative Waffe, das Garmatron. Lord Garmadon hat das Kommando über die Steinarmee an sich gerissen und befohlen, eine unbesiegbare Maschine zu konstruieren. Das Garmatron verschießt Dunkle Energie, die Ninjago mit Bösartigkeit infiziert.

Steuerplattform

Dunkle, pulsierende Energie

Set	Garmatron
Jahr	2013
Nummer	70504
Teile	328
Minifiguren	3

Tief eingelassene Frontkanone

Walzende Raupen

▼ KATAPULT

Wenn der Goldene Ninja auf dem Goldenen Drachen in die Lüfte aufsteigt, sausen ihm die Steinsamurai von ihrem Außenposten aus hinterher. Nachdem sie sich am reichhaltigen Arsenal mit Ausrüstung bestückt haben, starten die Späher der Steinarmee vom Schnellfeuerkatapult.

Scimitar-Schwert

Der spitze Hut schützt Kopf und Hals.

GENERAL KOZU
Die komplett rote Rüstung und der gehörnte Helm weisen General Kozu als ranghöchstes Mitglied der Steinarmee aus. Der vierarmige Krieger ist Lord Garmadons Stellvertreter.

SCHWERTKÄMPFER
Steinarmee-Schwertkämpfer stehen im Einsatz an vorderster Front und sind Meister im Umgang mit Katana-Schwertern. Torso und Hüften sind mit Panzerpolstern vor feindlichen Stichen geschützt.

Auslöser

SPÄHER
Späher bekleiden den niedrigsten Rang in der Steinarmee. Im Gegensatz zu ranghöheren Soldaten tragen sie keinen Schulterschutz. Um die Einsätze gegen die Ninjas zu überstehen, müssen sie Meisterschützen mit der Armbrust sein!

Set	Goldener Drache	
Jahr	2013	Nummer 70503
Teile	252	Minifiguren 3

KRIEGER-TRIKE

Um die Ninjas davon abzuhalten, den Bau seines kostbaren Garmatrons zu gefährden, befiehlt Lord Garmadon seinen Stein-Handlangern, mit dem Samurai-Bike ins Feld zu ziehen. Die donnernde Frontkette des Bikes fräst mit Hochgeschwindigkeit durch jedes Gelände und vertreibt mögliche Störenfriede.

Set	Samurai-Bike
Jahr	2013
Nummer	70501
Teile	210
Minifiguren	2

Samurai-hörner
Cockpit
Wilde rote Hörner
Schulterpanzer
Robuste Frontkette
Spitze Seitenstachel
Leistungsstarkes Hinterrad
Seitlich herausragende Frontklaue

STEIN-KRIEGER
Stein-Krieger arbeiten direkt unter General Kozu und sind an den schwarzen Samurai-helmen zu erkennen, die ähnlich geformt sind wie der ihres Anführers. Unter dem Helm schaut ein grimmiges Gesicht mit roter Bemalung hervor.

COCKPIT DES SAMURAI-BIKES
Anrückende Ninjas sollten sich vor den drei Dunkelmaterie-Schnellfeuerraketen des Samurai-Bikes hüten. Fahrer der Steinarmee zünden sie von der Steuerung im Cockpit aus.

Raketenauslöser
Dunkel-materie-Raketen

STEINDATEN
Diese Steinsoldaten tauschten ihre Uniformen für das Samurai Zubehör Set (850632). Der Späher, der sonst eine gelbe Gesichtsbemalung hat, trägt hier eine blaue. Beim Schwertkämpfer ist es genau umgekehrt. Der blau bemalte Späher und der gelb bemalte Schwertkämpfer erschienen nur in diesem Set.

SPÄHER
SCHWERT-KÄMPFER

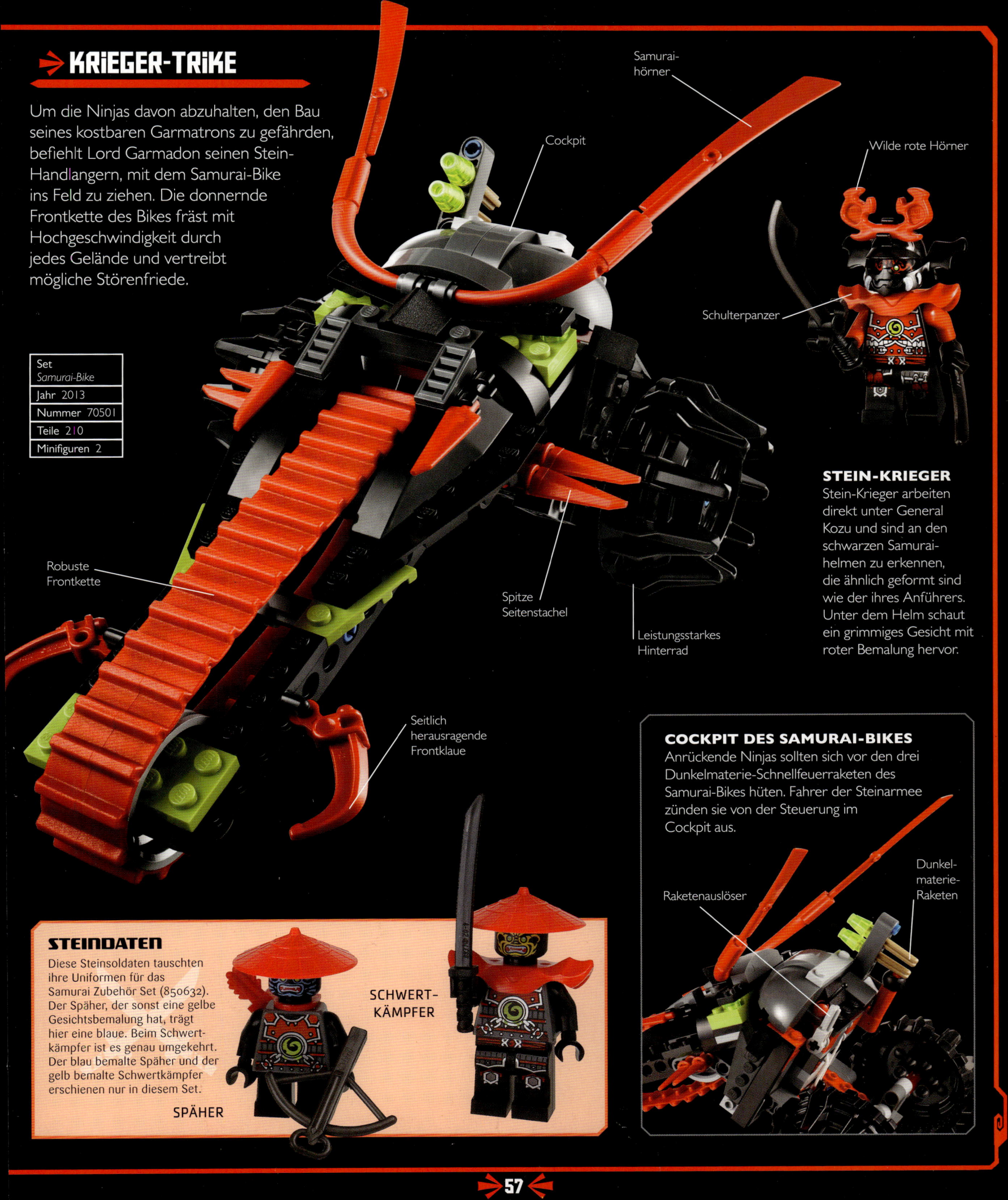

NINDROIDS

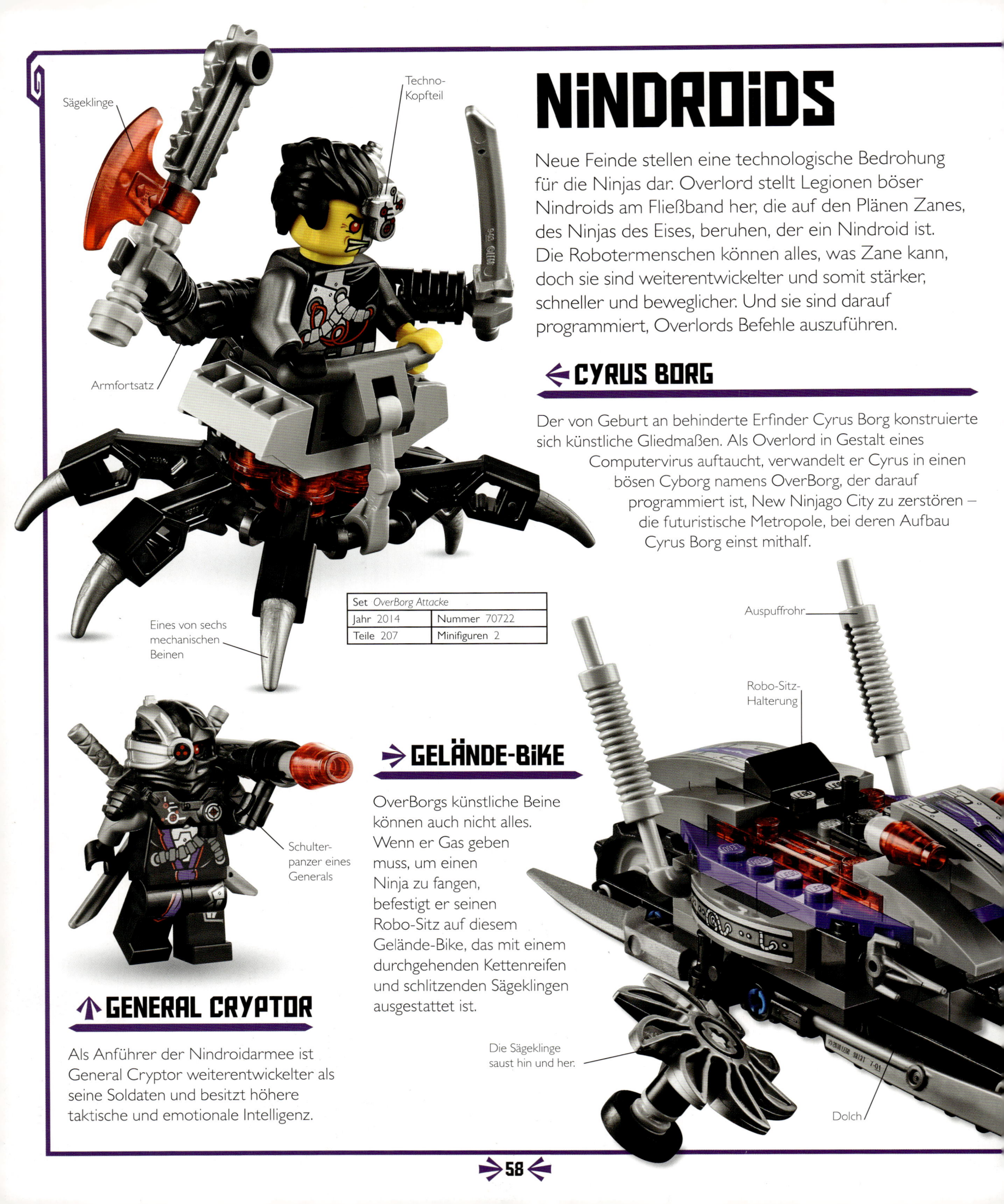

Neue Feinde stellen eine technologische Bedrohung für die Ninjas dar. Overlord stellt Legionen böser Nindroids am Fließband her, die auf den Plänen Zanes, des Ninjas des Eises, beruhen, der ein Nindroid ist. Die Robotermenschen können alles, was Zane kann, doch sie sind weiterentwickelter und somit stärker, schneller und beweglicher. Und sie sind darauf programmiert, Overlords Befehle auszuführen.

← CYRUS BORG

Der von Geburt an behinderte Erfinder Cyrus Borg konstruierte sich künstliche Gliedmaßen. Als Overlord in Gestalt eines Computervirus auftaucht, verwandelt er Cyrus in einen bösen Cyborg namens OverBorg, der darauf programmiert ist, New Ninjago City zu zerstören – die futuristische Metropole, bei deren Aufbau Cyrus Borg einst mithalf.

Sägeklinge
Techno-Kopfteil
Armfortsatz
Eines von sechs mechanischen Beinen

Set	OverBorg Attacke	
Jahr	2014	Nummer 70722
Teile	207	Minifiguren 2

↑ GENERAL CRYPTOR

Als Anführer der Nindroidarmee ist General Cryptor weiterentwickelter als seine Soldaten und besitzt höhere taktische und emotionale Intelligenz.

Schulterpanzer eines Generals

→ GELÄNDE-BIKE

OverBorgs künstliche Beine können auch nicht alles. Wenn er Gas geben muss, um einen Ninja zu fangen, befestigt er seinen Robo-Sitz auf diesem Gelände-Bike, das mit einem durchgehenden Kettenreifen und schlitzenden Sägeklingen ausgestattet ist.

Auspuffrohr
Robo-Sitz-Halterung
Die Sägeklinge saust hin und her.
Dolch

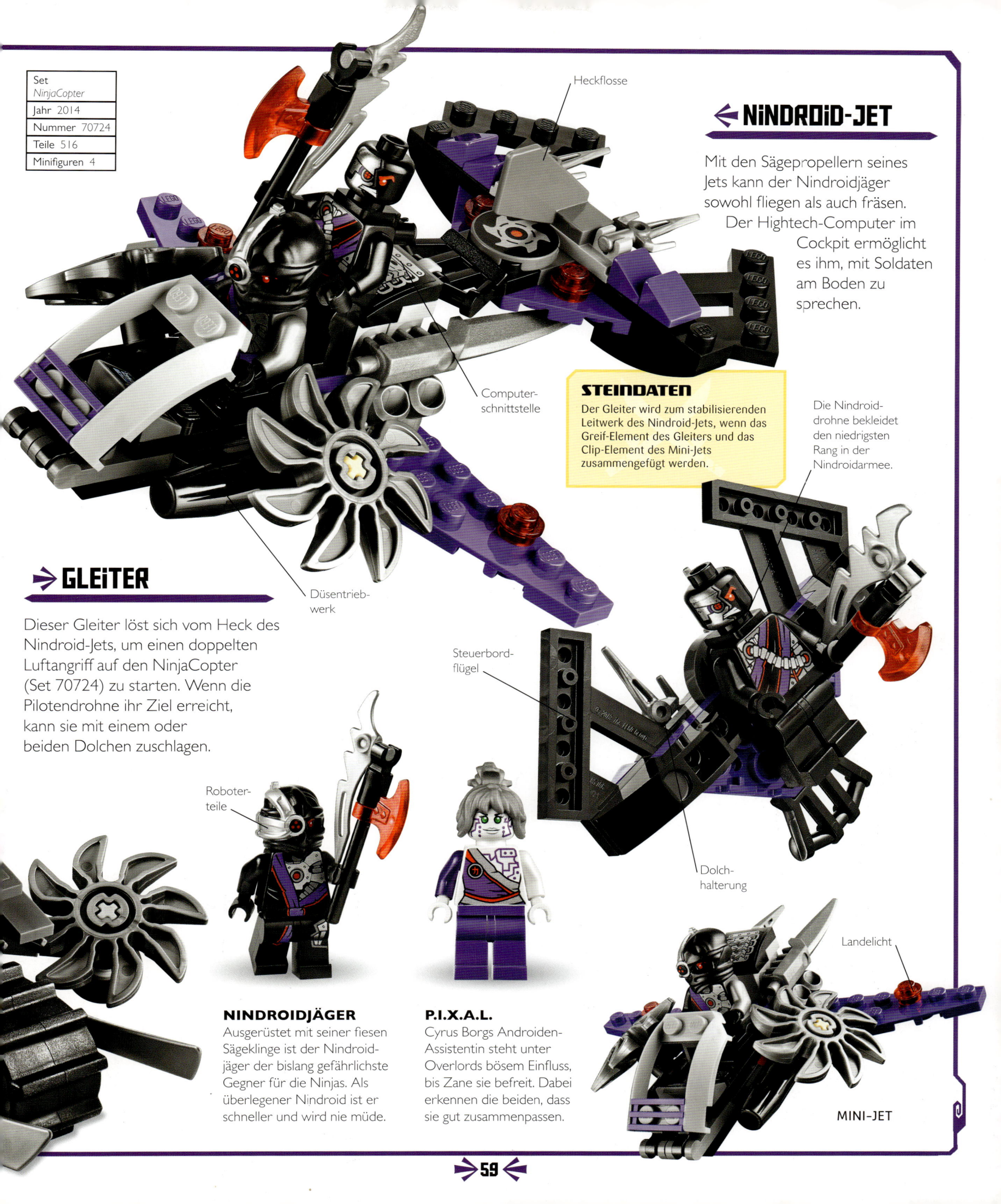

Set
NinjaCopter
Jahr 2014
Nummer 70724
Teile 516
Minifiguren 4

Heckflosse

← NINDROID-JET

Mit den Sägepropellern seines Jets kann der Nindroidjäger sowohl fliegen als auch fräsen. Der Hightech-Computer im Cockpit ermöglicht es ihm, mit Soldaten am Boden zu sprechen.

Computerschnittstelle

STEINDATEN
Der Gleiter wird zum stabilisierenden Leitwerk des Nindroid-Jets, wenn das Greif-Element des Gleiters und das Clip-Element des Mini-Jets zusammengefügt werden.

Die Nindroiddrohne bekleidet den niedrigsten Rang in der Nindroidarmee.

→ GLEITER

Dieser Gleiter löst sich vom Heck des Nindroid-Jets, um einen doppelten Luftangriff auf den NinjaCopter (Set 70724) zu starten. Wenn die Pilotendrohne ihr Ziel erreicht, kann sie mit einem oder beiden Dolchen zuschlagen.

Düsentriebwerk

Steuerbordflügel

Dolchhalterung

Roboterteile

NINDROIDJÄGER
Ausgerüstet mit seiner fiesen Sägeklinge ist der Nindroidjäger der bislang gefährlichste Gegner für die Ninjas. Als überlegener Nindroid ist er schneller und wird nie müde.

P.I.X.A.L.
Cyrus Borgs Androiden-Assistentin steht unter Overlords bösem Einfluss, bis Zane sie befreit. Dabei erkennen die beiden, dass sie gut zusammenpassen.

Landelicht

MINI-JET

NINDROID-MASCHINEN

Set	Schwebendes Sägekissen	
Jahr 2014	Nummer	70720
Teile 79	Minifiguren	2

Der Borg Tower ist die Zentrale von Cyrus Borgs Techno-Imperium Borg Industries und liegt im Herzen von New Ninjago City. Hier entwickeln Overlord und OverBorg eine Flotte von Militärgefährten für die Nindroidarmee. Overlord macht sich OverBorgs brillanten Verstand zunutze, um die fortschrittlichsten Vehikel zu bauen, die Ninjago je gesehen hat.

Computerarmaturen

Zweites Sägeblatt

Abschussbereite Rakete

Rotierendes Frontsägeblatt

↑ SÄGEKISSEN

Das riesige Frontsägeblatt des Sägekissens dient als Propeller und auch als Waffe. Nindroidpiloten können damit im wahrsten Sinne des Wortes Kurven schneiden.

Lenkstange

Hecklicht

DOPPELKLINGE

Diese Nindroiddrohne ist mit Klingen ausgerüstet, die auch als Anschnallbügel dienen, wenn sie das Schwebekissen steuert.

↑ DISK-FLIEGER

Das Ein-Mann-Schwebekissen ist wendig genug, um auch durch die engsten Straßen in New Ninjago City zu kommen. Das rotierende Sägeblatt wird somit zur allgegenwärtigen Gefahr.

Flügelklinge

Set	X-1 Ninja Supercar
Jahr	2014
Nummer	70727
Teile	426
Minifiguren	3

← JETPACK

Nindroidjäger kontrollieren Flugrichtung und -höhe des hoch entwickelten Jetpacks mit einem Hebel an der linken Seite.

Steuerhebel

MECHANISCHER DRACHE

Der mechanische Koloss wurde von Digital Overlord gebaut, um den Goldenen Ninja Lloyd zu jagen und zu fangen. Der schwer gepanzerte Nindroid Robo-Drache bäumt sich auf den Hinterbeinen auf, um über sein Opfer herzufallen. Er kann davonfliegen, wenn Lloyd in die eingebaute Gefängniszelle gesperrt ist.

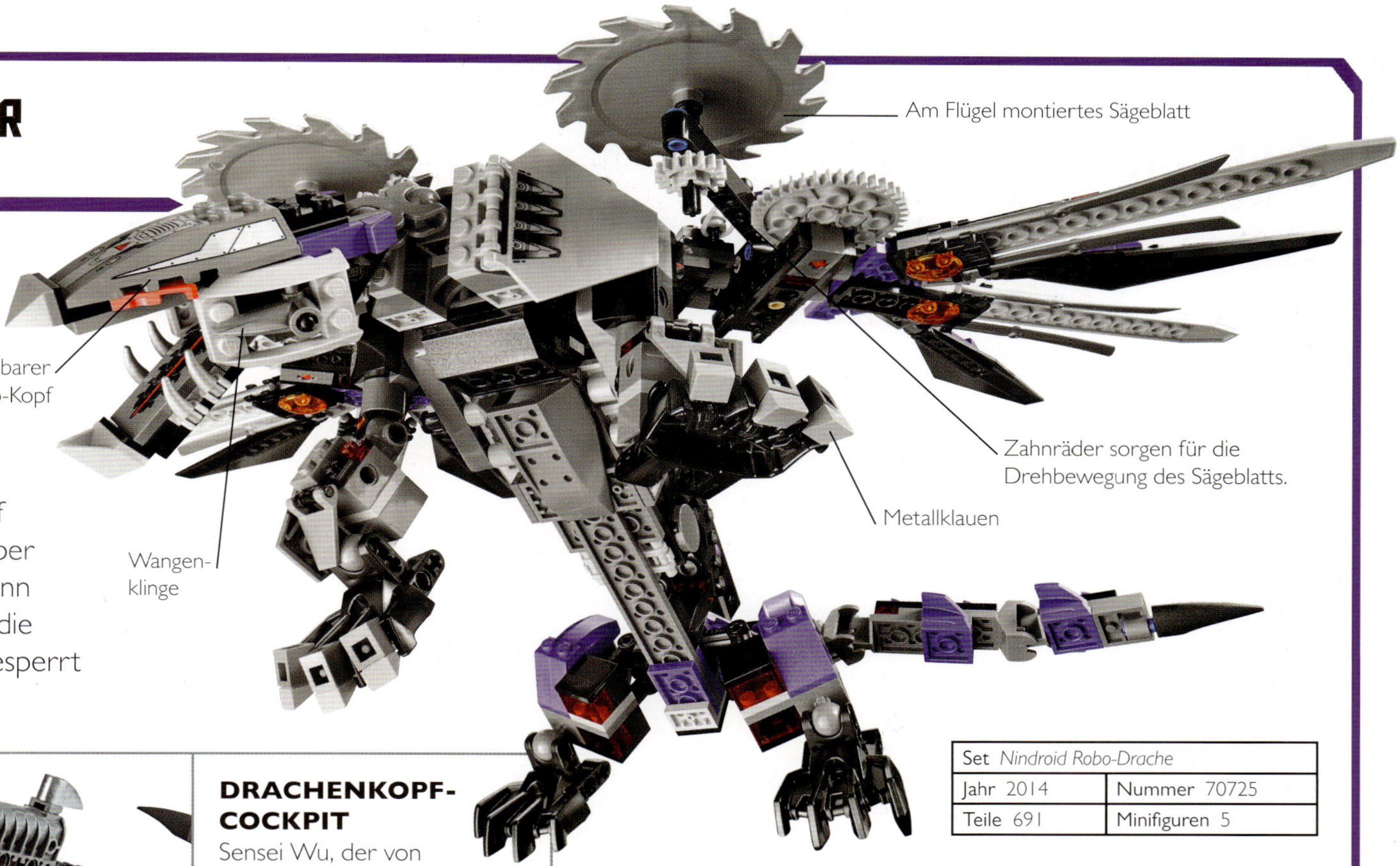

Drehbarer Robo-Kopf

Wangenklinge

Am Flügel montiertes Sägeblatt

Zahnräder sorgen für die Drehbewegung des Sägeblatts.

Metallklauen

Set	Nindroid Robo-Drache	
Jahr	2014	
	Nummer	70725
Teile	691	Minifiguren 5

DRACHENKOPF-COCKPIT

Sensei Wu, der von Overlord in den bösen Evil Wu verwandelt wurde, steuert den Robo-Drachen vom computergestützten Cockpit aus. Er gibt auch den Nindroidjägern den Abschussbefehl für das Raketengeschütz am Rücken des Drachens.

DESTRUCTOID

Wenn das Kommandozentrum der Nindroidarmee anrollt, ist es besser, den Kopf einzuziehen! Zwischen den Raupenketten hacken während der Fahrt Klingen auf und ab, zwischen denen wiederum Sägeblätter hervorschießen. Der Turm lässt sich um 360 Grad drehen, sodass die Robo-Arme mit Schwert und Sägeblatt eine optimale Reichweite besitzen.

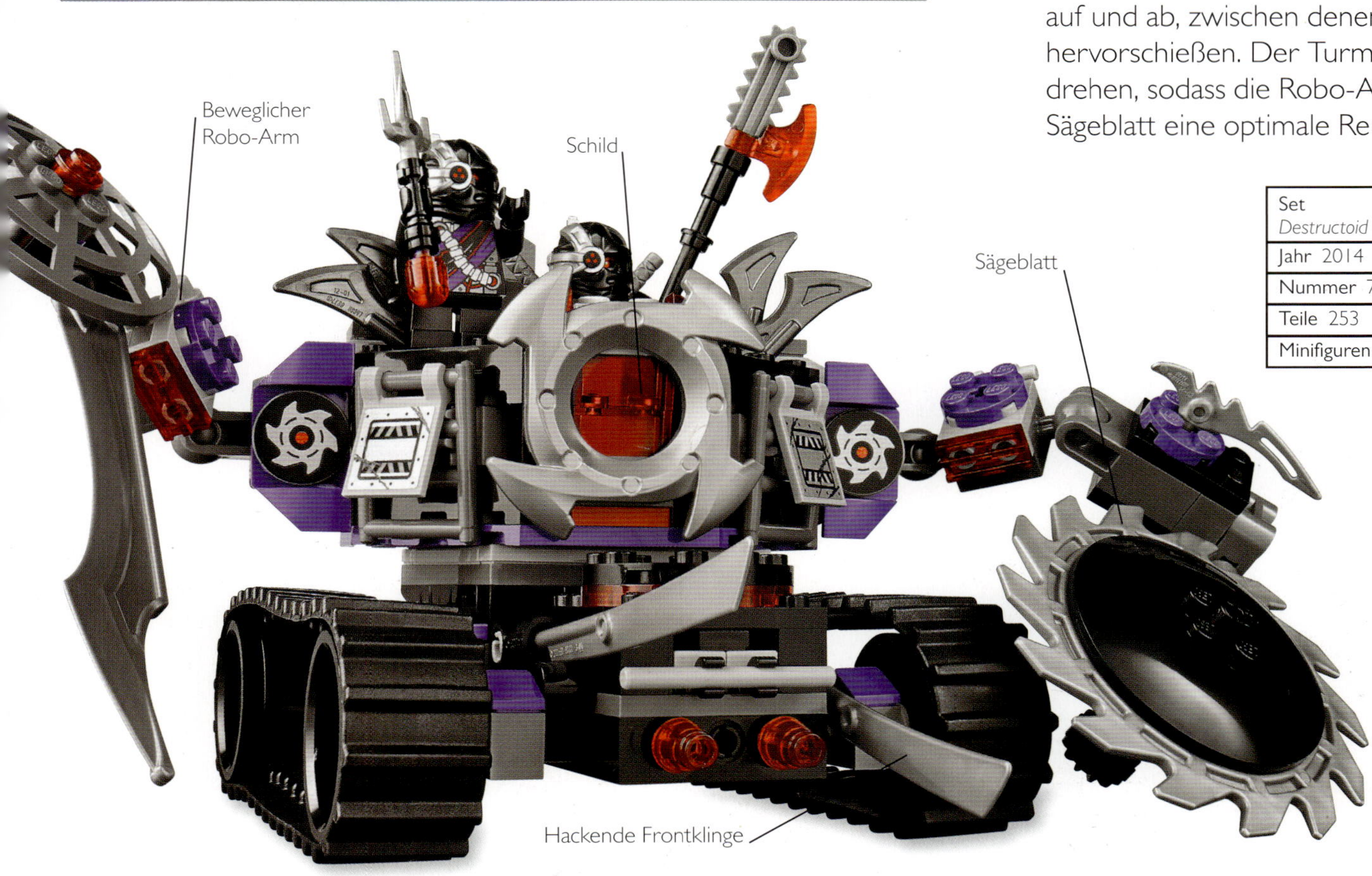

Set	Destructoid
Jahr	2014
Nummer	70726
Teile	253
Minifiguren	3

Beweglicher Robo-Arm

Schild

Sägeblatt

Hackende Frontklinge

MIN-DROID

Dieser winzige Nindroid hat kurze Beine, weil er als Letzter vom Fließband kam und das Metall zur Neige ging!

KAPITEL 3: SPEZIALSETS

忍者

SPINNER SETS

2011 brachte die LEGO Gruppe die ersten Spinner Sets für die LEGO® Ninjago Themenwelt heraus: Spinjitzu Spinner Spiele. Ziel der Spiele für zwei Spieler ist es, die gegnerische Figur von ihrem Spinner zu stoßen. Seither erschienen einzigartig gestaltete Spinner Sets für alle Ninjas und ihre Freunde und Feinde.

Speer — Blitzenergie

Streitkolben — Symbol der Skelettarmee

Die Spinneroberseite symbolisiert die grüne Erde.

SPINJITZU STARTER SET
(Set 2257) 2011
Der Ninja des Blitzes Jay und das Skelett Frakjaw erschienen im voll ausgestatteten Starter Set.

COLE
(Set 2112) 2011

Goldenes Schwert — Symbol des Ninjas des Feuers

Nin-Jo

Dunkle Klinge

Spitzhacke

KAI
(Set 2111) 2011
Kais Minifigur erschien als Erste in einem Spinner Set. Das Set enthält neben den Figur- und Aktionskarten seinen Spinner in feurigem Orange und drei Waffen zur Auswahl: Schwert, Dolch und Speer.

ZANE
(Set 2113) 2011

CHOPOV
(Set 2114) 2011

BONEZAI
(Set 2115) 2011

Symbol des Skeletts des Blitzes

DX Kimono

Goldener Nunchaku

Goldene Spinneroberseite

KRAZI
(Set 2116) 2011

COLE DX
(Set 2170) 2011

ZANE DX
(Set 2171) 2011

Bevorzugter Doppeldolch

Doppelköpfige Knochenaxt

Spinner in Erd-Optik

Doppel-Kettenpeitsche

Samurai X Symbol

NYA
(Set 2172) 2011

NUCKAL
(Set 2173) 2011

KRUNCHA
(Set 2174) 2011

WYPLASH
(Set 2175) 2011

STEINDATEN

Spinnerkronen sind zusätzliche Elemente, die dem Spinner Balance und längeres Drehvermögen geben. Diese Schlangenkrone, die als Promotionbeutel für die französische Spielwarenkette King Jouet herausgebracht wurde, war die Erste ihrer Art. Ab 2012 enthielten alle Spinner Sets unverwechselbare Kronen.

— Schlangenkopf

— Stab der Drachen
— Blitzzepter
— ZX Kimono
— Drachenschwert des Feuers
— Feurige Spinnerkrone

SENSEI WU
(Set 2255) 2011

LORD GARMADON
(Set 2256) 2011

KAI ZX
(Set 9561) 2012

— Giftnatternkrone
— Kendo-Rüstung
— Beißvipernkrone
— Samurai-Rüstung
— Goldene Schlange
— Silberne Eiskrone

LASHA
(Set 9562) 2012

KENDO ZANE
(Set 9563) 2012

SNAPPA
(Set 9564) 2012

SAMURAI X
(Set 9566) 2012

FANG-SUEI
(Set 9567) 2012

— Giftige Zahnaxt
— Blitzenergie-Kimono
— Goldene Sense
— Hypnokobra-Stab
— Goldener Stab

SPITTA
(Set 9569) 2012

NRG JAY
(Set 9570) 2012

FANGDAM
(Set 9571) 2012

NRG COLE
(Set 9572) 2012

SLITHRAA
(Set 9573) 2012

— Superblitz
— Goldener Kettenzahn
— Transparente Eiskrone

LLOYD ZX
(Set 9574) 2012

NRG ZANE
(Set 9590) 2012

AUFBEWAHRUNGSKOFFER

Der Aufbewahrungskoffer bietet Platz für 10 Minifiguren und ihre Spinner. Dank Verschluss und Tragegriff lassen sich alle wesentlichen Spielkomponenten überallhin mitnehmen.

— Kartondeckel

ARENA SETS

Beim LEGO Ninjago: Spinjitzu Spinner Spiel werden Figuren zu wirbelnden, kraftstrotzenden Tornados, die gern einmal davonkreiseln. Die LEGO Gruppe hat verschiedene Battle Arenen herausgebracht, damit die antretenden Figuren auch immer dort bleiben, wo die Spinjitzu-Action ist!

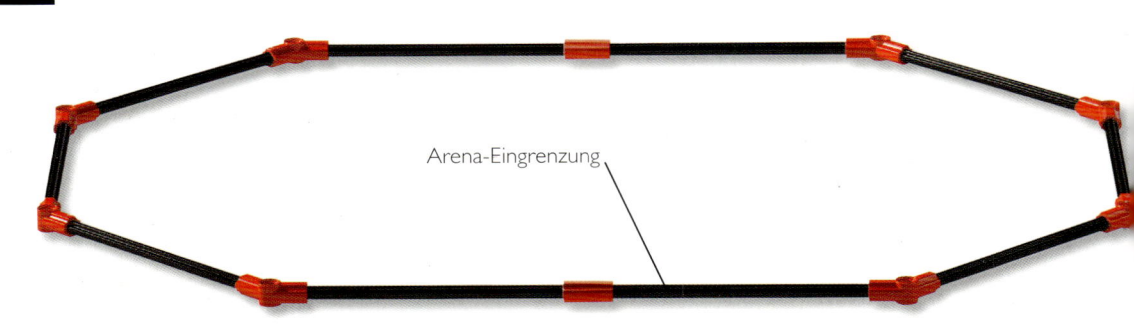

Arena-Eingrenzung

↑ SPINJITZU STARTER SET

Sensei Wu

→ NINJAGO BATTLE ARENA

Der glatte Boden dieser erhöhten Battle Arena wird von 3D-Ninjago-Motiven verziert. Am Rand entlang befinden sich zweckmäßige Halterungen für Minifiguren, ihre Spinner und Waffen sowie für Figuren- und Aktionskarten.

Das Spinjitzu Starter Set enthält einen Arena-Grundaufbau aus zusammengesteckten Stangen, der herumwirbelnde Kontrahenten im Zentrum der Action hält.

Set	Spinjitzu Starter Set	
Jahr 2011	Nummer 2257
Teile 57	Minifiguren 2

Set	Ninjago Battle Arena	
Jahr 2011	Nummer 853106
Teile entfällt	Minifiguren 1

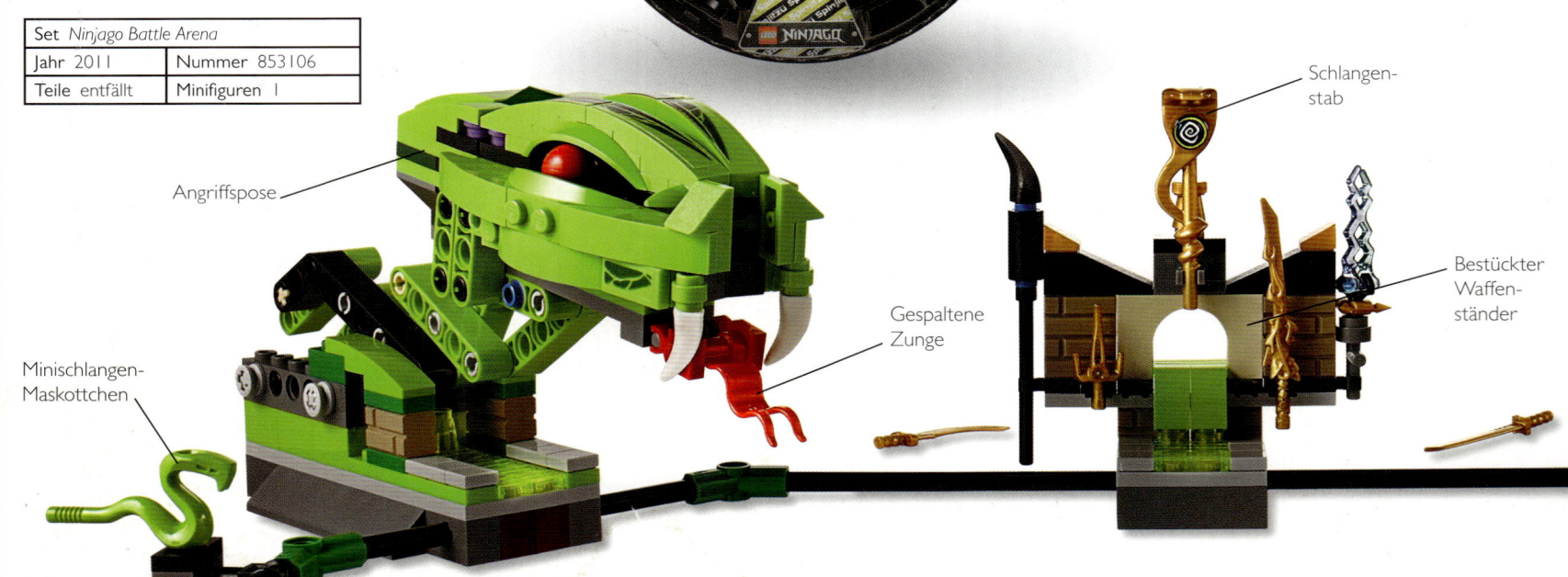

Angriffspose

Minischlangen-Maskottchen

Gespaltene Zunge

Schlangenstab

Bestückter Waffenständer

↑ SCHLANGENGRUBEN-ARENA

Das ultimative Duell Ninja gegen Schlange findet in der Schlangengrube statt. Auf der einen Seite schnappt die Reißzahn-Schlange nach kreiselnden Ninjas, auf der anderen hält sich der Ninja-Drache bereit, um nach wirbelnden Schlangen zu schnappen.

Set	Duell in der Schlangengrube
Jahr	2012
Nummer	9456
Teile	418
Minifiguren	2

Set	Skelett Bowling	
Jahr	2011	Nummer 2519
Teile	371	Figuren 7

Punktezähler

Wandhalterung für das Waffensortiment

Ninjabanner

Rückstoßleiste

Bowlingkugel-Rakete

↑ SKELETT BOWLING

Beim Skelett Bowling können Ninjas auf ein paar Knochen zielen! Das Set enthält sechs Skelett-Übungsattrappen, die es mit Spinjitzu-Können umzukegeln gilt. Falls der Ninja nicht genügend Treffer landet, können Bowlingkugel-Schnellfeuerraketen die restlichen Attrappen beseitigen.

Der Hebel löst einen Drachenangriff aus.

JAY DX SPINNER
Nur dieses Set präsentiert Jay DX auf seinem goldenen Blitz-Spinner. Die Rückstoßleiste am Rand sorgt dafür, dass sein Spinner immer wieder auf die Skelett-Kegel losgeht.

SKELETT-KEGEL
Das Skelett Bowling enthält sechs der knöchernen Kegelfiguren. Sie können auch als Übungspuppen beim Ninja-Training dienen.

Minidrachen-Maskottchen

67

BOOSTER PACKS

2012 kam eine Reihe Booster Packs für das LEGO Ninjago: Spinjitzu Spinner Spiel heraus. Jedes der kleinen Erweiterungssets enthält eine Minifigur, Spielkarten und eine Auswahl an Utensilien, die das Spiel noch spannender machen. Insgesamt gibt es neun Booster Packs.

▼ KENDO COLE BOOSTER

Kendo Cole war die erste Minifigur, die als Booster Pack erschien. Das Pack enthält Duellutensilien wie Schilde, Verteidigungsketten und zusätzliche Ausrüstung.

- Kendo-Panzer für den Oberkörper
- Spinnerschild
- Goldene Kettensäge
- Vier Aktionskarten
- Dreifache Verteidigungskette
- Doppelter Sai-Dolch

Set	Kendo Cole	
Jahr	2012	Nummer 9551
Teile	28	Minifiguren 1

- Eine Figurenkarte

LLOYD BOOSTER

Das Booster Pack des boshaften, jungen Lloyd Garmadon enthält Utensilien im Schlangenstil, einschließlich Reißzähnen und Peitschenschilden.

- Speer der gespaltenen Zungen
- Goldene Schlange

Set	Lloyd Garmadon	
Jahr	2012	Nummer 9552
Teile	21	Minifiguren 1

JAY ZX BOOSTER
Das Booster Pack von Jay ZX ist im zackigen Blitzstil gehalten, mit Schilden, die farblich zu seinem Kimono passen.

Silberner Sai-Speer

Spinnerklingen

Set *Jay ZX*	
Jahr 2012	Nummer 9553
Teile 28	Minifiguren 1

ZANE ZX BOOSTER
Das Booster Pack in Eis-Optik enthält schützende Eisschilde und spitze Klingen, mit denen Zane ZX einen wahren Spinjitzu-Sturm entfesseln kann.

Eisaxt

Set *Zane ZX*	
Jahr 2012	
Nummer 9554	
Teile 37	
Minifiguren 1	

MEZMO BOOSTER
Der Inhalt seines Booster Packs hilft Mezmo, seiner Taktik noch mehr Biss zu geben. Mit dabei sind Spinnerklingen und Ausrüstung des Stammes der Hypnokobras.

Goldene Reißzahnklinge

Dreifachschlangenklinge

Set *Mezmo*	
Jahr 2012	
Nummer 9555	
Teile 32	
Minifiguren 1	

BYTAR BOOSTER
Ein Krieger des kräftigen Stammes der Würgeboas braucht eine robust aussehende Ausstattung. Bytars Pack enthält Dreifachketten, die an seinen Spinner passen.

Doppelköpfige Axt

Set *Bytar*	
Jahr 2012	Nummer 9556
Teile 25	Minifiguren 1

LIZARU BOOSTER
Lizarus Pack enthält Peitschen der Giftnattern, die auf den Spinner gesetzt werden können, wenn die entsprechende Karte ausgespielt wird.

Giftpeitsche

Giftnatternklinge

Morgenstern

Set *Lizaru*	
Jahr 2012	Nummer 9557
Teile 17	Minifiguren 1

KENDO JAY BOOSTER
Dieses Promotion Pack gab es 2012 als Beigabe zu Einkäufen in LEGO Shops. Es enthält eine Auswahl neuer Ausrüstung und eine exklusive Spinnerkrone in Blitz-Optik sowie eine besondere Hologramm-Figurenkarte.

Doppelklingensense

Set *Kendo Jay*	
Jahr 2012	
Nummer 5000030	
Teile 31	
Minifiguren 1	

SAMMELKARTEN

Unterschiedliche Sammelkarten bereichern die Spinjitzu-Wettkämpfe und seit 2011 hat die LEGO Gruppe Hunderte davon herausgebracht. Jedes Spinner Set enthält mindestens eine Figurenkarte (für jede Figur, die das Set enthält) und mehrere Aktionskarten, die man während der Duelle ausspielen kann. Ein paar seltene Karten sind in speziellen Promotion-Sets erschienen.

Eingesetzte Waffe

FIGURENKARTEN

Die Figurenkarte steht für den Charakter, mit dem man beim LEGO Ninjago: Spinjitzu Spinner Spiel spielt, und sie zeigt an, wie viel Kraft der Charakter in den vier Elementen hat. Die Figurenkarte verrät auch, welche Ausrüstung der Charakter während des Duells verwenden sollte.

Element Feuer als Spinjitzu-Kraft

Gewählte Figur

AKTIONSKARTEN

Aktionskarten verschaffen einem Spieler im Spinjitzu-Duell Vorteile gegenüber dem Mitspieler. Manche steigern die Spinjitzu-Kraft oder ermöglichen das Anbringen neuer Elemente am Spinner; andere können den Gegner verwirren, fangen, kontrollieren oder herausfordern.

Aktionskarten mit Spinnerkrone ermöglichen das Aufsetzen oder Abmontieren beliebiger Spinnerkronen.

Diese Karte darf ausgespielt werden, wenn eine Krone auf dem Spinner sitzt.

Erd-Karte

Symbol für Aktionskarten-Typ

Stärkeleiste

Goldene Waffe

RATTLAS SCHREIN

Der Schlangenschrein ist nicht nur dafür gedacht, den Großen Schlangenmeister anzubeten – er dient auch zur Aufbewahrung von Spinjitzu-Sammelkarten. Eine Minifigur der Hypnokobra Rattla und ihre Hologramm-Figurenkarte sind in diesem Set ebenfalls enthalten.

Dreidimensionale Figurenkarte

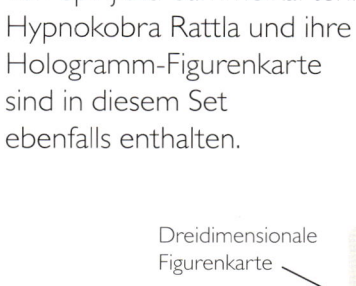

Set	Ninjago Character Card Shrine
Jahr	2012
Nummer	850445
Teile	88
Minifiguren	1

Halterung für Schlangenkrone

Rattla

Das 3-D-Wackelbild sorgt für Bewegung des Nin-Jo.

Set	Exclusive Card Shrine
Jahr	2011
Nummer	2856134
Teile	98
Minifiguren	0

TEMPELSCHREIN

Dieser nach dem Vorbild des Ninja-Tempels gestaltete Kartenschrein hat neben dem verziertem Dach und den Lampions auch einen praktischen Halter für Sensei Wus Nin-Jo. Die Figurenkarte Sensei Wus in diesem Set war 2011 die erste Special Edition Karte.

Set	Ninjago Sammelkartenbehälter
Jahr	2011
Nummer	853114
Teile	entfällt
Minifiguren	0

SPECIAL EDITION

Manche Sammelkarten aus Promotion-Sets bieten Hologrammbilder oder spezielle Kräfte. Die Karte „Flammengrube" ist eine Metall-Aktionskarte, die es bei der Spielwarenkette Toys 'R' Us als Beigabe zu Ninjago Sets gab. Sie kann im Spiel abgelegt werden (falls dein Spiel-Charakter Spinjitzu-Stärke 100 zum Element Feuer besitzt) und schmeißt den Gegner aus der Runde, wenn er die Karte berührt.

Set	Special Edition Sammelkarte
Jahr	2012
Nummer	4659640
Teile	entfällt
Minifiguren	0

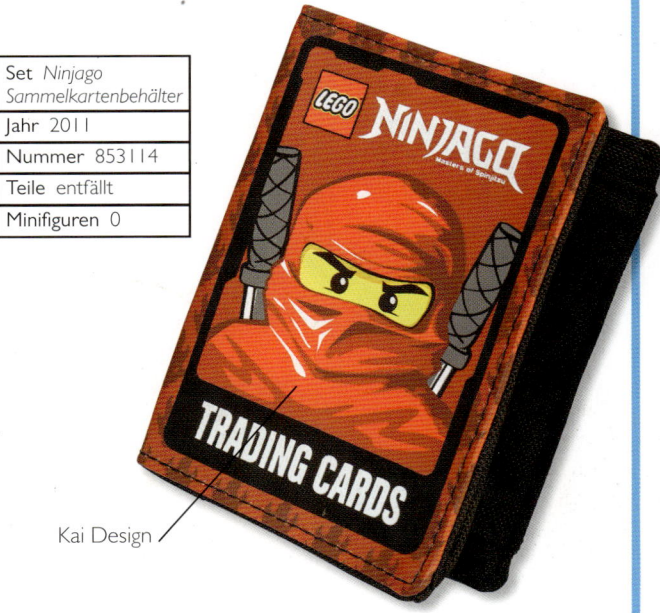

Kai Design

KARTENBEHÄLTER

Dieses Ninja-Etui fasst bis zu 30 Sammelkarten und verfügt über ein zusätzliches Aufbewahrungsfach für Spinjitzu-Spinnerausrüstung. Von Kai, dem Ninja des Feuers, ist eine Hologramm-Figurenkarte enthalten.

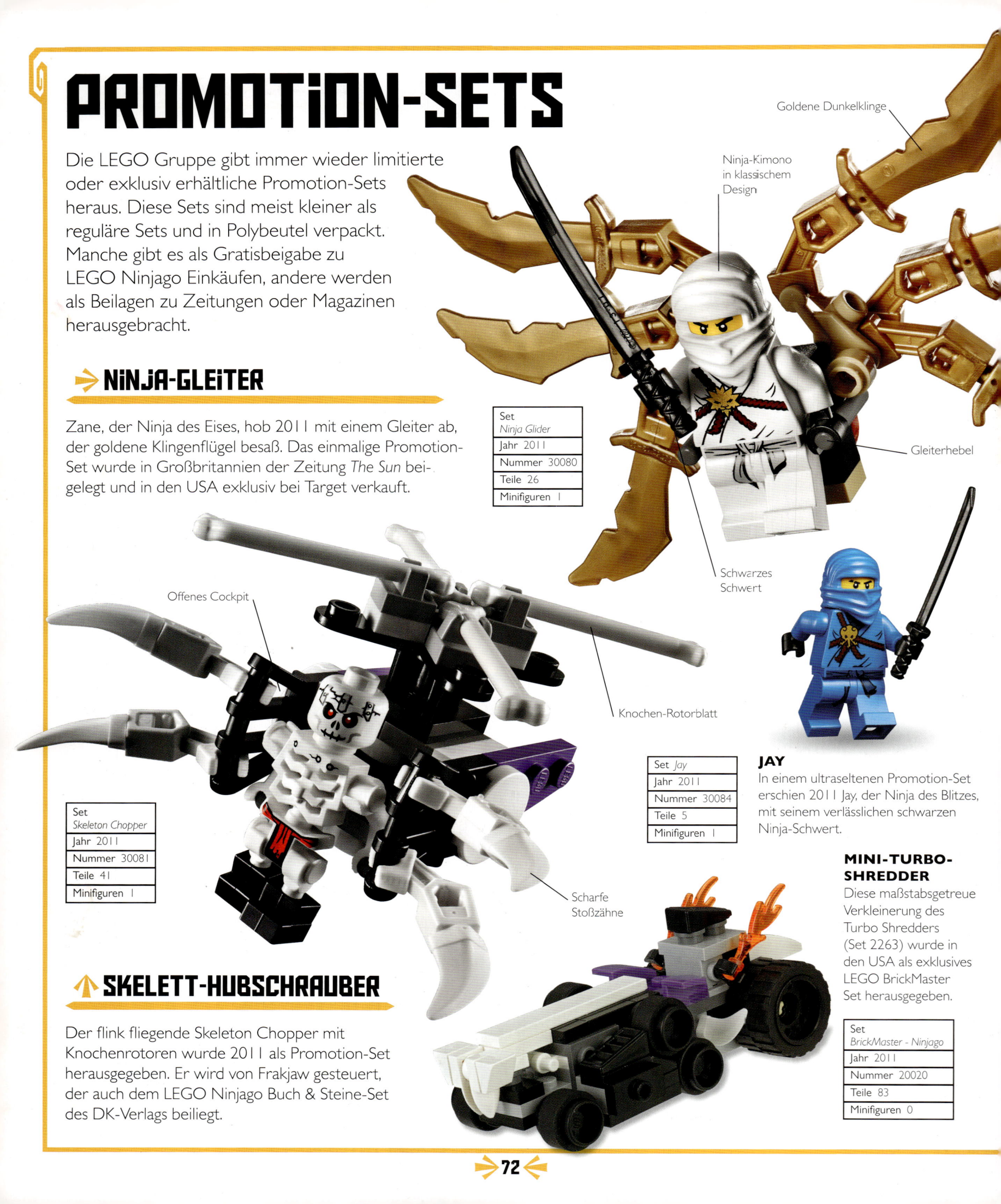

PROMOTION-SETS

Die LEGO Gruppe gibt immer wieder limitierte oder exklusiv erhältliche Promotion-Sets heraus. Diese Sets sind meist kleiner als reguläre Sets und in Polybeutel verpackt. Manche gibt es als Gratisbeigabe zu LEGO Ninjago Einkäufen, andere werden als Beilagen zu Zeitungen oder Magazinen herausgebracht.

▶ NINJA-GLEITER

Zane, der Ninja des Eises, hob 2011 mit einem Gleiter ab, der goldene Klingenflügel besaß. Das einmalige Promotion-Set wurde in Großbritannien der Zeitung The Sun beigelegt und in den USA exklusiv bei Target verkauft.

Goldene Dunkelklinge
Ninja-Kimono in klassischem Design
Gleiterhebel
Schwarzes Schwert

Set	Ninja Glider
Jahr	2011
Nummer	30080
Teile	26
Minifiguren	1

JAY

In einem ultraseltenen Promotion-Set erschien 2011 Jay, der Ninja des Blitzes, mit seinem verlässlichen schwarzen Ninja-Schwert.

Set	Jay
Jahr	2011
Nummer	30084
Teile	5
Minifiguren	1

▲ SKELETT-HUBSCHRAUBER

Der flink fliegende Skeleton Chopper mit Knochenrotoren wurde 2011 als Promotion-Set herausgegeben. Er wird von Frakjaw gesteuert, der auch dem LEGO Ninjago Buch & Steine-Set des DK-Verlags beiliegt.

Offenes Cockpit
Knochen-Rotorblatt
Scharfe Stoßzähne

Set	Skeleton Chopper
Jahr	2011
Nummer	30081
Teile	41
Minifiguren	1

MINI-TURBO-SHREDDER

Diese maßstabsgetreue Verkleinerung des Turbo Shredders (Set 2263) wurde in den USA als exklusives LEGO BrickMaster Set herausgegeben.

Set	BrickMaster - Ninjago
Jahr	2011
Nummer	20020
Teile	83
Minifiguren	0

Gehörnter Kopf — Winziger Schwanz

Flüchtender Kai

Set *Dragon Fight*	
Jahr 2011	Nummer 30083
Teile 31	Minifiguren 1

↑ DRACHENJAGD

Aus seinem Polybeutel flieht Feuer-Ninja Kai vor einem Mini-Drachen. Das exklusive Set wurde in Großbritannien der Zeitung *The Sun* beigelegt und in den USA exklusiv bei Target verkauft.

Silberdolch- aufsatz

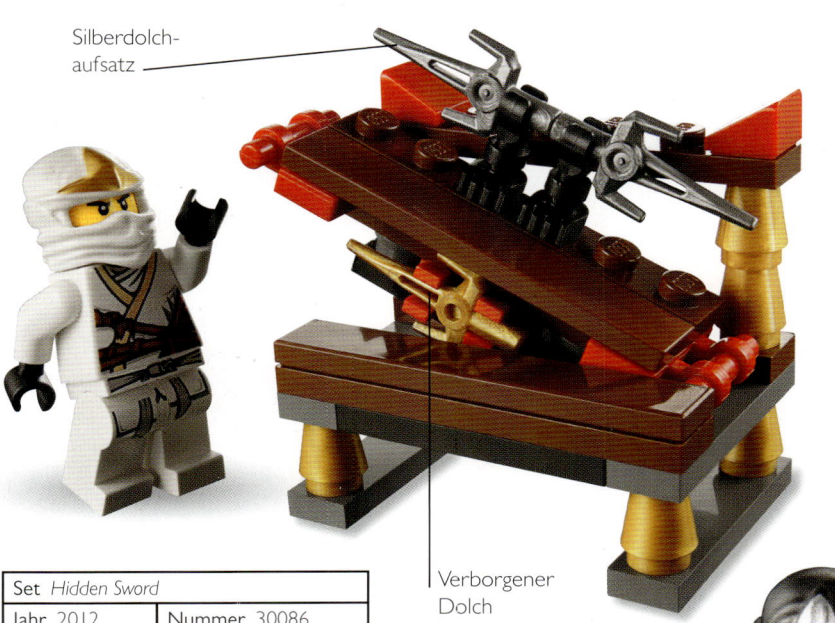

Set *Hidden Sword*	
Jahr 2012	Nummer 30086
Teile 39	Minifiguren 1

Verborgener Dolch

➤ NINJA-AUTO

Cole ZX fährt in diesem limitierten Set ein flinkes Gokart. Er trägt keine Ausrüstung bei sich, aber die Goldelemente am Fahrzeug sehen gefährlich aus!

Set *Cole ZX's Car*	
Jahr 2012	Nummer 30087
Teile 27	Minifiguren 1

Goldene Motorhaube

↓ SPRINGENDE SCHLANGEN

In diesem limitierten Set wird Jay ZX mit Mini-schlangen beworfen. 2012 war es nur in den USA bei Walmart und in den Niederlanden bei Gamma erhältlich. In Großbritannien wurde es auch der Zeitung *The Sun* beigelegt.

Schlangenwerfer

Goldenes Schwert

Set *Jumping Snakes*	
Jahr 2012	
Nummer 30085	
Teile 42	
Minifiguren 1	

Minischlangen sind klein, aber gefährlich.

◀ VERBORGENES SCHWERT

Dieser Promotion-Polybeutel mit Zane ZX-Minifigur enthält einen besonderen Waffenhalter mit verstecktem Golddolch. 2012 wurde er in Polen dem Magazin *Donald Duck* beigelegt und in Großbritannien der Zeitung *The Sun*, bevor er als limitiertes Set in ausgesuchten Läden in den USA und den Niederlanden verkauft wurde.

Kapuze eines ZX Ninja

Set *Rattla*	
Jahr 2012	
Nummer 30088	
Teile 5	
Minifiguren 1	

Scharfe Klaue

RATTLA

Nur mit einem Speer ausgerüstet erschien Rattla in einem der kleinsten LEGO Sets, die je produziert wurden. Es wurde 2012 dem polnischen Magazin *Donald Duck* beigelegt.

KAPITEL 4: MEHR ALS NUR STEINE

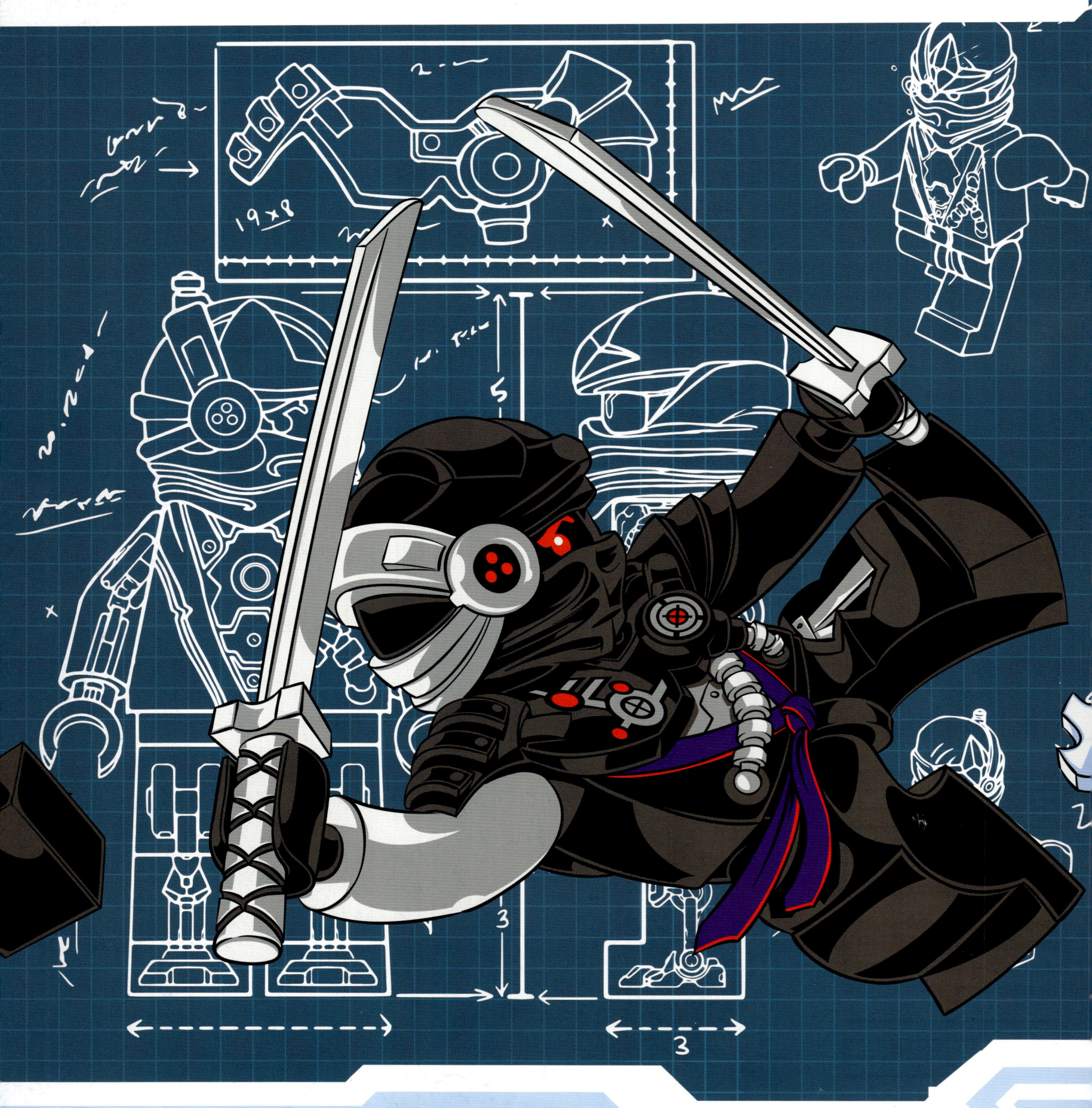

DAS NINJAGO-TEAM von links nach rechts: Simon Lucas, Menelaos Florides, Callan Jay Kemp, Thomas Ross Parry, Adrian Florea, Michael Svane Knap, Luis F. E. Castaneda, Maarten Simons, Daniel McKenna, Nicolaas Johan Bernardo Vás.

WIE LANGE DAUERT ES, BIS EIN NEUES SET ODER MODELL FERTIG IST?

Je nach Größe des Modells etwa drei bis sechs Monate. Erst kommt die Konzeptionsphase, in der wir zwei, drei Monate lang Ideen für unterschiedliche Modelle austauschen. Dann haben ein paar Kinder das große Glück, die Modelle anschauen zu können und uns ihre Meinung zu sagen, damit wir wissen, was am besten ankommt. Danach holen wir noch bei der gesamten LEGO Gruppe Meinungen ein. Und dann dauert es noch mal drei Monate, um die Modelle so zu konstruieren, dass sie auch spielbar funktionieren und schließlich verpackt werden können.

WELCHES LEGO® NINJAGO SET MAGST DU AM LIEBSTEN?

Knifflige Frage! Da gibt's ein paar. Ich liebe den Ninja-Flugsegler. Ein Schiff, das fliegen kann, ist schon mal toll, und es hat ein paar coole, versteckte Funktionen. Kais Super-Jet sieht klasse aus und liegt gut in der Hand. Und der Nindroid Robo-Drache ist einfach ein echt cooler Drache mit den Sägeblättern und der Gefängniszelle – das bietet jede Menge Spielfunktionen.

Zane ist Simons Lieblingscharakter, weil er ein Roboter-Ninja ist – gibt's was Cooleres?

MODELLSKIZZEN Designer Luis Castaneda arbeitet im Grafikstudio an Zeichnungen für Ninjago-Modelle.

GIBT ES NEUE ELEMENTE BEI LEGO NINJAGO?

Oh ja, ein gutes Beispiel wäre die Nindroid-Maske, ein Element, das der Nindroid Minifigur ein ganz spezielles Aussehen verleiht. Was Steine angeht, ist die „A"-Platte ein neues Element, das beim Nindroid Robo-Drachen zum ersten Mal eingesetzt wird. Mit diesem brandneuen Stein kann man leichter verschiedene Winkel bauen. Er entspringt einer Zusammenarbeit von Modell-Designern und Plastikern, die die Form gemeinsam entwarfen.

KANNST DU ETWAS ÜBER DEN HERSTELLUNGS-PROZESS EINES MODELLS ERZÄHLEN?

Am Anfang steht immer die Frage „Was machen die Ninjas als Nächstes?" und „Gegen wen werden die Ninjas kämpfen?". Bisher traten sie gegen Skelette und Schlangen an sowie gegen Lord Garmadon und Overlord, das heißt, wir beginnen immer mit dem nächsten Gegner. Dabei entstehen jede Menge Modellentwürfe und Zeichnungen zur Verdeutlichung der Geschichten. Wenn diese dann Kindern präsentiert wurden – um sicherzugehen, dass wir die besten Ideen umsetzen –, geht es in die bereits beschriebene Konzeptionsphase.

ELEMENTE Designer Adrian Florea wählt Elemente aus Schubladen mit sorgfältig geordneten LEGO Steinen aus.

WORIN LAG DIE INSPIRATION FÜR LEGO NINJAGO?

Ninjas sind einfach coole Gestalten, und wir suchen immer nach coolen Charakteren, die als Minifiguren für spannende Geschichten und Spielszenen sorgen können. Als wir anfingen, eine Geschichte für diese Ninjas zu entwickeln, fand jeder etwas, was die Fantasie anregte. Als wir Kai, Zane, Cole und Jay dann Leben einhauchten, waren wir überzeugt, ein Konzept gefunden zu haben, das eine wirklich aufregende LEGO Themenwelt abgeben würde.

WELCHEN RATSCHLAG HAST DU, FALLS JEMAND OFFIZIELLER LEGO DESIGNER WERDEN MÖCHTE?

Als guter LEGO Designer sollte man in der Lage sein, die eigenen Ideen zu vermitteln. Viele LEGO Designer beginnen damit, ihre Ideen auf Papier oder am Computer zu skizzieren, und präsentieren sie dann dem Team und mir. Manche arbeiten ihre Ideen auch schon grob mit LEGO Steinen aus – Ideen zu visualisieren, das ist der Schlüssel.

WELCHE AUFGABE IST DIE SCHWERSTE BEI LEGO NINJAGO?

Das Schwierigste ist immer, das Vorherige zu übertreffen, etwas noch Aufregenderes zu machen. Die Ninjas kämpften gegen Skelette und das war toll, dann kamen die Schlangen, die waren super, und die Steinarme war der Hammer. Jedes Jahr müssen wir also eine aufregende Steigerung finden und damit wächst die Herausforderung ständig. Aber es fällt uns immer etwas ein – wir schaffen's immer!

GIBT ES SCHON VIELE IDEEN FÜR NEUE LEGO NINJAGO SETS?

Auf jeden Fall! Im Augenblick arbeiten wir an den Sets für 2015 mit tollen neuen Modellen und Schurken, gegen die die Ninjas antreten. Und wir haben auch schon Ideen für Sets, an denen die Arbeit noch gar nicht begonnen hat, aber das kommt noch. Ist natürlich alles streng geheim!

DESIGNER AM WERK Grafiker Daniel McKenna (links) bespricht das Aussehen des neu aufgelegten Lloyd Garmadon mit Thomas Ross Parry (rechts), ebenfalls Grafiker im Ninjago-Team.

WIE ENTSTEHT EINE NEUE LEGO NINJAGO MINIFIGUR?

Wenn wir wissen, in welche Richtung wir mit einer neuen Figur gehen möchten, skizzieren die Grafiker Ideen und es werden Prototypen gemacht, damit wir Kindern im Test verschiedene Varianten zeigen können. Als wir zum Beispiel die Nindroids entwarfen, machten wir verschiedene Roboter-Ninjas, damit uns die Kinder sagen konnten, welche Variante die coolste ist.

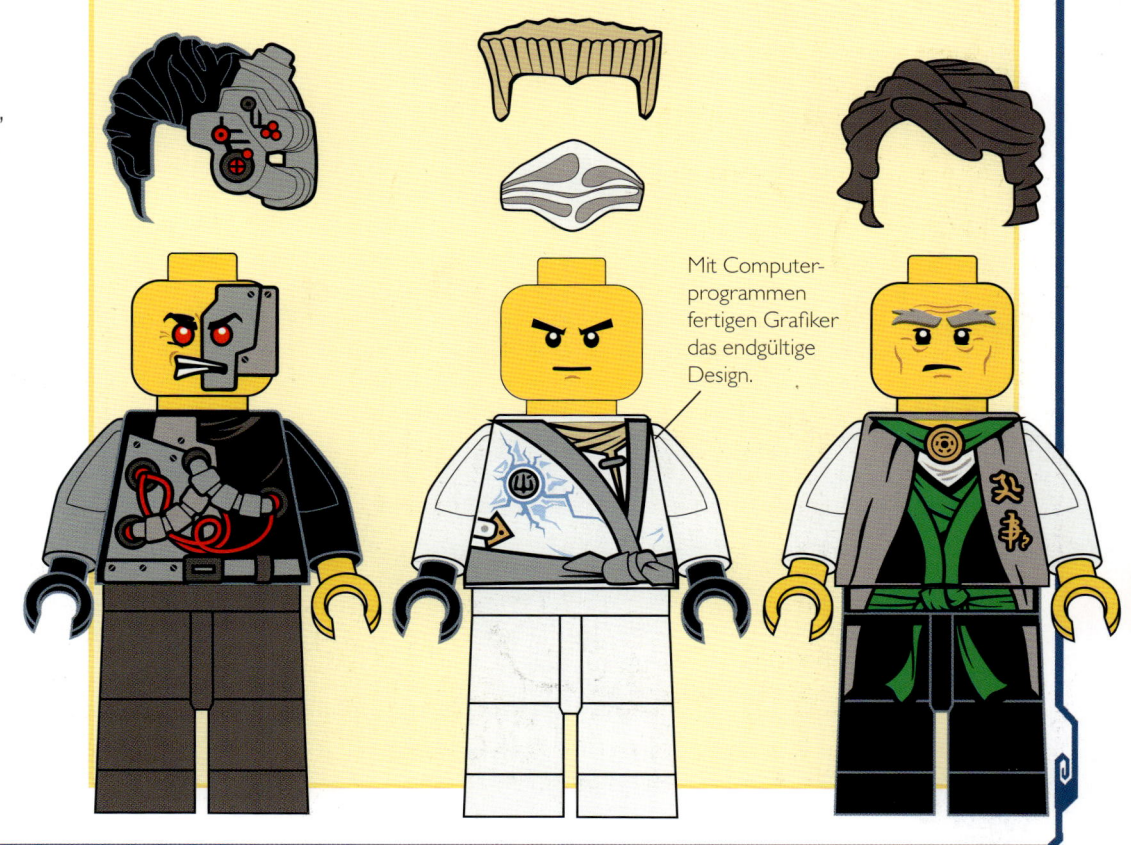

Mit Computerprogrammen fertigen Grafiker das endgültige Design.

MERCHANDISING

Die Welt von LEGO Ninjago bietet mehr als nur LEGO Sets zum Bauen und Spielen. LEGO Ninjago Mini-Taschenlampen und Schlüsselanhänger begleiten einen überallhin, während Ninjago Minifiguren-Wecker dafür sorgen, dass man nicht zu spät kommt. Comics erzählen weitere Geschichten aus dem Land der Ninjas und Veranstaltungen mit Spinner-Duellen und Bauwettbewerben bieten Spiel und Spaß in LEGO Stores.

← UHREN UND WECKER

Der coole Ninja Cole Digitalwecker von ClicTime passt auf, dass niemand mehr zu spät kommt. Ihre Lieblings-Minifiguren können Fans auch am Handgelenk tragen (unten). Verschiedenfarbige, austauschbare Glieder ermöglichen dem Träger eine individuelle Gestaltung der Armbanduhr.

COLE WECKER

KAI ZX MINIFIGUR ARMBANDUHR

ZANE KINDERARMBANDUHR

DAS GROSSE STICKERBUCH

156 Steine und zwei Minifiguren

↑ BUCH + STEINE

Mit den LEGO Buch & Steine-Sets von DK können Ninjago-Fans dank Geschichten, Minifiguren, Steinen und Bauanleitungen eigene Abenteuer erleben.

Am Armband befestigte Kai-Figur

Passt an jedes Handgelenk dank 33 einzelner Teile.

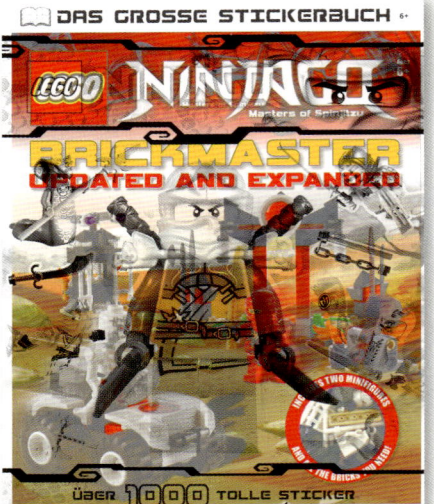

Enthält ein Stickeralbum und über 1000 Sticker.

Lord Garmadons unverkennbarer Knochenschmuck

→ HELL UND SICHER

Der erste LEGO Ninjago Kai Schlüsselanhänger von IQ Hong Kong erschien im Juli 2011, gefolgt von Jay im Jahr 2012. Ausgestattet mit zwei LED-Lichtern in den beweglichen Beinen und einer Kette an der Kapuze verliert man mit ihnen weder Schlüssel noch Schloss aus den Augen. Seit Dezember 2012 wirft auch Lord Garmadon sein Licht in finstere Ecken.

LED-Lampe

JAY LED-SCHLÜSSELANHÄNGER (2012)

LORD GARMADON MINI-TASCHENLAMPE (2012)

Bewegliche Beine für verstellbare Beleuchtung

AKTIONEN IM HANDEL

Um 2011 den Start von Ninjago zu feiern, erweckten offizielle LEGO Stores die Welt von Ninjago mit einer 2,7 m großen Pagode und einer Spinjitzu-Arena zum Leben, in der Kinder ihr Spinner-Können unter Beweis stellen konnten. Ein Endkampf, an dem 18 599 Kinder in 44 LEGO Filialen teilnahmen, sorgte am 17. Februar 2011 für einen Guiness-Weltrekord.

Im Januar 2012 wurde der erste Mini-Modell-Bauwettbewerb abgehalten, bei dem Kinder eigene Ninjago Minischlangen konstruierten. An diesem Eisdrachen arbeitete Baumeister Dan Steininger 2010 drei Tage lang im LEGO Store in Disneyland™.

SCHAUFENSTERAUSLAGE

GUINNESS-WELTREKORD (2012) POSTER

EISDRACHE (2010)

2x4-Steine

MINI-MODELL

COMICS

Die Ninjago-Abenteuer werden in den Comics von Papercutz mit weiteren aufregenden Geschichten aus der Welt von Ninjago fortgesetzt. Seit dem ersten Band *Die Kampfansage des Samukai*, der im November 2011 veröffentlicht wurde, brachte es die erste Staffel der Reihe auf zehn Ausgaben. Die zweite Staffel beginnt mit dem Flug der Ninjas ins All. Gezeichnet werden die farbigen Comics von renommierten Zeichnern wie P. H. Marcondes, Paul Lee und Jolyon Yates nach Geschichten von Greg Farshtey, der bereits für LEGO BIONICLE die Feder schwang.

LEGO NINJAGO COMIC-ALBEN

FAN-MODELLE

Mit LEGO Steinen und etwas Fantasie lässt sich so gut wie alles bauen. Baumeister, die sich AFOLs (Adult Fans of LEGO – erwachsene LEGO Fans) nennen, erschaffen immer neue, selbst gestaltete Kreationen, sogenannte MOCs (My Own Creations). Diese Modelle zeigen den Einfallsreichtum von LEGO Ninjago Fans.

⬆ NANNAN ZHANG

Was wünscht sich ein Ninja zu Weihnachten? LEGO Baumeister Nannan Zhang beantwortet die Frage mit dieser Festtagsszene, die Weihnachtsstimmung in die Welt Ninjagos bringt. Die Ninjas träumen von Drachen und goldenen Waffen, während Sensei Wu den Weihnachtsmann spielt und Geschenke im Trainingszentrum verteilt.

⬅ JEFF CROSS

LEGO Ninjago Fan Jeff Cross aus New York baute diesen Einsatzthron für General Kozu. Bestens gerüstet und mit robustem Kettenantrieb kann er so die Steinarmee anführen, ohne seinen Herrschaftssitz zu verlassen. Sogar an einen Dunkelmaterie-Antrieb hat Jeff gedacht.

EINSATZTHRON Neben Steinen aus LEGO Ninjago Sets stecken in dem mächtigen Thron auch Elemente von Bionicle und Hero Factory und dazu noch ein Fabuland Motorblock.

⬆ PADAWAN K.S.

Diese furchterregende Skelettarmee wurde von Padawan K.S. aufgestellt. Angeführt von ihren Generälen, stehen mehr als 270 marschierende Untote in Reih und Glied so weit das Auge reicht.

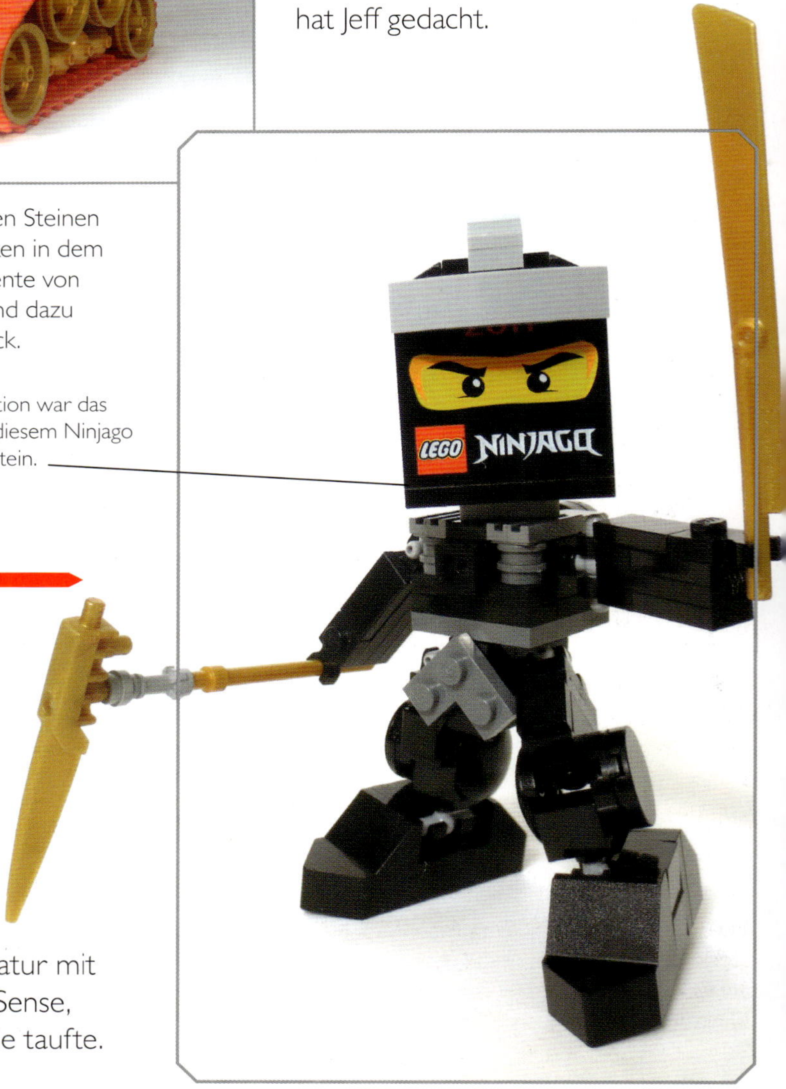

Pauls Inspiration war das Gesicht auf diesem Ninjago Promotion Stein.

➡ PAUL LEE

Diese kauzige Figur entstand dank eines Promotion Steins, den Paul Lee aus Kalifornien in die Finger bekam. Nachdem er fast ein Jahr überlegte, was er damit anfangen könnte, kam er auf diese Mensch-Robo-Kreatur mit Schwert und Goldener Sense, die er Chibi Ninjago Cole taufte.

IM INNEREN In die Inneneinrichtung des Spinjitzu-Trainingszentrums investierte Imagine viel Arbeit und konstruierte sogar detaillierte Übungsgerätschaften.

Schiebefenster mit Ninja-Symbolen

Torii-Dachschmuck aus Platten, runden Steinen und einer runden 3×3-Kachel

▶ IMAGINE RIGNEY

Silberner Frosch als Sensei Wus Teekanne

Zielscheibe für Wurfsterne

Man stelle sich vor, eine imaginäre Spinjitzu-Trainingseinrichtung oder Schmiedewerkstatt zu betreten. Der LEGO Fan mit dem passenden Namen Imagine Rigney hat es getan und nach Vorbild der Fernsehserie diese Ninjago-Gebäude erschaffen. Von außen sehen sie wunderschön und stilgerecht verziert aus, doch es steckt noch mehr dahinter – klappt man sie auf, stößt man auf erstaunliche Details.

Drehbare Schmiedewand

Goldene Ninja-Waffen

PRAKTISCH UND SCHÖN Ein genialer Einfall sind vier prächtig verzierte, geschlossene Außenwände, die sich für innere Bespielbarkeit mithilfe von Scharnieren aufklappen lassen.

GENAU NACH VORBILD Alles sollte möglichst exakt der Fernsehserie entsprechen, daher sorgte Imagine sogar für eine drehbare Schmiedewand!

Mechanische Drohnenarme

KAIS SCHMIEDEWERKSTATT Imagine steckte zehn Tage in den Bau dieses Modells und verwendete mehr als 650 Elemente, einschließlich Ninja-Waffen, Pflanzen, Drehsteinen, Samurai-Rüstung, Zylindern, Keilen, Dachsteinen und mehreren mechanischen Drohnenarmen.

FERNSEHEN

LEGO *Ninjago: Meister des Spinjitzu* heißt die animierte TV-Serie zur LEGO Ninjago Themenwelt. Geschrieben von den Brüdern Dan und Kevin Hageman, setzt die Serie am Beginn der Lehrzeit der Ninjas unter Sensei Wu ein, erklärt die Geschichte Ninjagos und Hintergründe zu den Charakteren. Dazu kommen ihre Abenteuer auf dem Weg zu voll ausgebildeten Ninjas. Staffel 3 startete 2014.

2011
PILOTFOLGEN & MINI MOVIES

Die Pilotfolgen und die sechs online veröffentlichten Mini Movies bilden die erste Staffel der Serie LEGO *Ninjago: Meister des Spinjitzu*. Sie präsentieren Sensei Wu und seine neuen Ninja-Schüler auf der Suche nach vier sagenumwobenen Waffen, ständig gejagt von Lord Garmadon und seiner Skelettarmee.

STAFFEL 1
MEISTER DES SPINJITZU

DER AUFSTIEG DER SCHLANGEN
Die Ninjas sind mit einer neuen Bedrohung konfrontiert: Lloyd Garmadon. Der Schüler möchte in die Fußstapfen seines Vaters treten – und befreit einen uralten Stamm hypnotisierender Schlangen aus der Verbannung: die Hypnokobras.

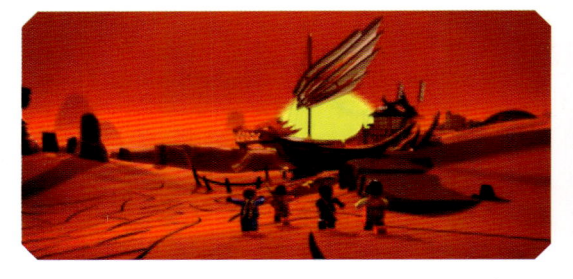

DER PFAD DES FALKEN
Die Ninjas entdecken die Baumhaus-Basis der Schlangen und zerstören sie, doch die Hypnokobras tun dasselbe mit dem Zuhause der Ninjas. Auf der Suche nach einem neuen Quartier finden die Ninjas ein verlassenes Schiffswrack: den *Flugsegler*.

FAMILIENBANDE
Ein neuer Schlangenstamm taucht auf, die Beißvipern, deren Biss andere langsam in Schlangen verwandelt. Auch Jays Eltern fallen ihnen zum Opfer und benötigen dringend ein Gegengift.

TRAUE NIEMALS EINER SCHLANGE
Als sich die Beißvipern und die Hypnokobras gegen ihn verbünden, setzt Lloyd Garmadon Pythor frei. Pythor hintergeht ihn jedoch und Sensei Wu nimmt Lloyd als Schüler auf.

DIE VEREINIGUNG DER SCHLANGEN
Lloyd Garmadon treibt Scherze mit den anderen Ninjas. Pythor will indessen alle vier Schlangenstämme vereinen – ein Plan, den die Ninjas unbedingt vereiteln müssen.

DIE VERLORENE STADT
Pythor ernennt sich selbst zum Schlangenkönig und will den Großen Schlangenmeister erwecken – eine Riesenschlange, die ganz Ninjago vernichten könnte. Lloyd wird von Pythor gefangen. Die anderen Ninjas entgehen diesem Schicksal dank eines geheimnisvollen Samurai – Kais Schwester Nya.

DER NINDROID
Zane findet im Wald eine alte Werkstatt, in der er sein wahres Ich entdeckt. Zane ist ein Nindroid – ein Roboter-Ninja, der von seinem Vater, dem genialen Erfinder Dr. Julien, erschaffen wurde. Im Kampf gegen Baumhörner entfaltet Zane nun sein wahres Potenzial.

DIE ERSTE REISSZAHNKLINGE
Die Schlangenstämme machen sich auf die Suche nach der ersten von vier Reißzahnklingen, mit der sie den Schlangenmeister erwecken wollen. Die Suche führt sie in einen Vergnügungspark, in dem Jay und Nya ihre erste romantische Verabredung haben.

DER TALENTWETTBEWERB
Die Ninjas nehmen an einem Tanzwettbewerb teil, bei dem eine Reißzahnklinge als Hauptpreis winkt. Dank seines Vaters, der eine berühmte Tanztruppe leitet, gewinnt Cole den Wettbewerb und bekommt Gelegenheit, seine unerwarteten Stärken zu zeigen.

DER GRÜNE NINJA
Die Ninjas verbünden sich mit Lord Garmadon, um dessen Sohn aus den Fängen der Schlangen zu befreien. Dabei erfahren sie, dass Lloyd der Grüne Ninja ist, der nach einer Prophezeiung Lord Garmadon besiegen soll. Während Lloyds Rettung wird Kai zum Helden.

DIE VIERTE REISSZAHNKLINGE
Als die Mission der Ninjas, drei Reißzahnklingen von den Schlangen zu klauen, scheitert, kann sie nur noch einer retten: Lord Garmadon. Er steigt mit seiner Skelettarmee aus der Unterwelt auf, um die Schlangen zu bekämpfen und die Ninjas und seinen Sohn zu retten.

DAS BÖSE ERWACHEN
Pythor folgt den Ninjas und holt sich die Reißzahnklingen zurück. Jetzt hat er die Macht, den Großen Schlangenmeister zu erwecken und auf Ninjago loszulassen. Als er das tut, verschlingt die Bestie jedoch sowohl ihn als auch Sensei Wu.

RETTUNG IN LETZTER SEKUNDE
Trotz der Hilfe des vierköpfigen Drachens kämpfen die Ninjas erfolglos gegen den Schlangenmeister. Nur Lord Garmadon kann die Bestie mit vier Goldenen Waffen besiegen und somit auch Sensei Wu retten. Danach verschwindet Garmadon jedoch.

FERNSEHEN

STAFFEL 2
DAS JAHR DER SCHLANGEN

FINSTERNIS ZIEHT HERAUF
Die Ninjas ziehen nach Ninjago City, um wieder in Ruhe trainieren zu können. Lord Garmadon übernimmt die Kontrolle über die Schlangenarmee und baut eine Megawaffe.

PIRATEN GEGEN NINJA
Beim Test seiner neuen Waffe stellt Garmadon fest, dass diese nicht vernichtet, sondern erschafft. In seiner Wut darüber holt er versehentlich eine Seeräubermannschaft in die Gegenwart.

DIE FALSCHEN NINJA
Lord Garmadon erschafft vier böse Ebenbilder der Ninjas. Sensei Wu durchschaut die Maskerade und mit einem Trick werden sie in eine alte Schule gelockt, wo sie den echten Ninjas gegenübertreten.

DAS NINJABALL-RENNEN
Die Ninjas nehmen an einem Ninjaball-Rennen teil, um mit dem Preisgeld Senseis Trainingszentrum vor dem Abriss zu retten. Gemeinsam konstruieren sie für das Rennen den Ultraschall Raider.

WIEDER JUNG
Als sich Lloyd eine ganz normale Kindheit wünscht, verwandelt Lord Garmadons Megawaffe alle Ninjas in Kinder. Ein magischer Tee hebt die Wirkung auf, lässt aber auch Lloyd wieder altern.

DIE ZEITREISE
Lord Garmadon reist in der Zeit zurück, um zu verhindern, dass die Ninjas sich zusammentun. Die Ninjas folgen ihm und löschen mithilfe der Goldenen Waffen die Megawaffe aus der Geschichte.

LLOYDS MUTTER MISAKO
Gift des Großen Schlangenmeisters erweckt einige Steinsoldaten zum Leben. Während die Ninjas sie bekämpfen, gelangt Lord Garmadon zur Dunklen Insel, wo er auf Overlord trifft.

DIE STEINSAMURAI
Schlangengeneral Scales entdeckt unter Ninjago eine Kammer voller Steinsoldaten. Lord Garmadon setzt den Helm der Schatten auf, der ihm die Kontrolle über die Steinarmee verleiht.

DIE REISE ZUM TEMPEL DES LICHTS
Lord Garmadon baut eine Superwaffe. Als die Ninjas ihm nachsegeln, erleiden sie Schiffbruch. Zanes Vater, den der Anführer der Skelettarmee wiederbelebt hat, hilft ihnen.

DER TEMPEL DES LICHTS
Die Ninjas betreten die Dunkle Insel. Im legendären Tempel des Lichts finden sie den Schlüssel zur Aktivierung der elementaren Kräfte, mit deren Hilfe Lloyd zum Grünen Ninja wird.

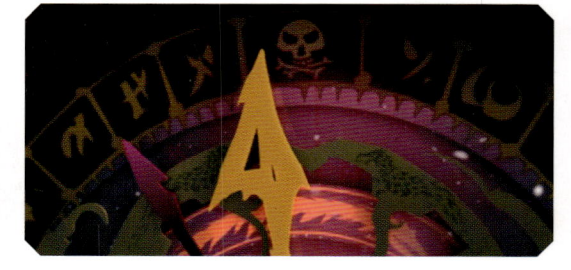

DIE DUNKLE UHR
Der Helm der Schatten löst den Countdown zum Endkampf zwischen Gut und Böse aus und die Ninjas versuchen, ihn aufzuhalten. Lord Garmadon enthüllt seine Superwaffe: das Garmatron.

GARMADONS NEUE MASCHINE
Das Ultraböse namens Overlord schickt Lord Garmadon zum Angriff gegen die Ninjas. Nach einer Niederlage bleiben die Ninjas auf der Insel, während Overlord nach Ninjago City flieht.

DER ULTIMATIVE SPINJITZU-MEISTER
Im ultimativen Kampf tritt Lloyd allein gegen Overlord an. Er ruft den Goldenen Drachen, um zum Goldenen Ninja zu werden. Nach seinem Sieg trifft er seinen Vater wieder, der zum Guten bekehrt wird.

STAFFEL 3
EIN NEUSTART

DAS NEUE NINJAGO
New Ninjago City ist eine futuristische Metropole geworden. Die Ninjas arbeiten als Lehrer. Overlord taucht als Computervirus wieder auf und bedroht die Technologie der Stadt.

DIE KUNST, NICHT ZU KÄMPFEN
Digital Overlord beabsichtigt, mithilfe von Lloyds Goldener Kraft wieder einen richtigen Körper zu bekommen. Von einem Versteck aus planen die Ninjas, Ninjago den Strom abzustellen.

DAS INNERE GLEICHGEWICHT
Die Ninjas zerstören Ninjagos Kraftwerk und sorgen so für einen Stromausfall. Overlord gelingt es jedoch, Sensei Wu zu entführen und ihn in ein böses Ebenbild zu verwandeln: Evil Wu.

DIE LEGENDE DES GOLDEN MEISTERS
Die Ninjas entdecken, dass die Schlangen ein neues Leben unterhalb der Stadt begonnen haben – und nicht mehr böse sind! Gemeinsam machen sie sich daran, die Nindroids zu bekämpfen.

DIE COMPUTERWELT
Die Ninjas betreten das Digiversum, um Digital Overlord zu bekämpfen. Trotz aller Bemühungen können sie ihn nicht davon abhalten, mithilfe der Goldenen Kraft einen neuen Körper zu erlangen.

PROJEKT ARCTURUS (1)
Lloyd teilt die Goldene Kraft mit den anderen Ninjas und wird zum Grünen Ninja. Gemeinsam decken sie Overlords „Arcturus"-Plan auf – die Suche nach den Goldenen Waffen mithilfe einer Rakete.

PROJEKT ARCTURUS (2)
Overlord schießt die Ninjas ins Weltall! Die Nindroids landen auf einem Kometen und finden die Goldenen Waffen. Während die Nindroids entkommen, bleiben die Ninjas auf dem Kometen.

PROJEKT ARCTURUS (3)
Die Ninjas bauen ein Raumschiff, das sie zur Erde zurückbringt, wo sich Overlord zum Goldenen Meister aufgeschwungen hat. Zane opfert sich, um den Goldenen Meister zu schwächen.

Im Trainingszentrum des Spiels kann der Spieler zwischen Ninjamodus und Skelettmodus wählen.

Im Storymodus gelangt der Spieler vor vier Türen. Jede führt zu einem anderen Kapitel der Story.

Spieler, die sich für Lord Garmadons Seite entscheiden, schließen sich seiner Skelettarmee aus der Unterwelt an.

VIDEO-SPIELE

Seit der Veröffentlichung von zwei LEGO Ninjago Videospielen durch TT Games können Ninjago-Fans interaktiv in die Welt von Ninjago eintauchen und den Kampf Gut gegen Böse ganz neu erleben. LEGO *Ninjago: Das Videospiel* aus dem Jahr 2011 basiert auf der TV-Serie LEGO *Ninjago: Meister des Spinjitzu*. Seit 2014 erweitert LEGO *Ninjago: Nindroids* die Geschichte der TV-Serie *Ninjago: Ein Neustart*.

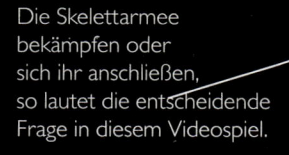

⬆ DAS VIDEOSPIEL

In diesem Videospiel können sich Spieler entscheiden, ob sie als Ninja die Welt von Ninjago beschützen wollen oder sich lieber den Schurken anschließen und Lord Garmadon helfen, noch mächtiger zu werden. Strategie ist gefragt, wenn man auf der Nintendo DS Konsole Armeen und Hauptquartiere aufstellt, und Geschick, wenn man in actiongeladenen Missionen den Feinden gegenübertritt. Im Multiplayermodus können sich Ninjago-Spieler miteinander messen.

Die Skelettarmee bekämpfen oder sich ihr anschließen, so lautet die entscheidende Frage in diesem Videospiel.

Der Feuerdrache bewacht das Schwert des Feuers. Die Ninjas müssen sich gegen ihn verteidigen.

Der Eisdrache beschützt im Level der frostigen Einöde die Eis-Wurfsterne vor den Ninjas.

LEGO NINJAGO NINDROIDS

PS VITA — **NINTENDO 3DS**

⬆ NINDROIDS

Das rasante Abenteuerspiel lässt sich auf Nintendo 3DS oder PlayStation Vita spielen und führt die Story nach Lloyds ultimativem Kampf gegen Overlord weiter. In New Ninjago City müssen die Ninjas ihre Welt vor Overlord beschützen, der als Computervirus die Nindroids – fiese Roboterwesen – erschaffen hat, um die Ninjas ein für alle Mal zu besiegen.

In diesem Level müssen Lloyd und Garmadon vor dem furchterregenden Nindroid Robo-Drachen fliehen.

Overlord verwandelt Sensei Wu in ein böses Ebenbild namens Evil Wu und Kai muss gegen seinen Meister antreten!

In einer Stadt voller Nindroid-Drohnen bekommt Lloyd Gelegenheit, sein ganzes Spinjitzu-Können zu zeigen.

GALERIE DER CHARAKTERE

LEGO® Minifiguren bestehen aus drei Hauptteilen: Kopf, Torso und Beinen. LEGO Ninjago Minifiguren gibt es in vielen Varianten mit unterschiedlichem Zubehör und verschiedenen Schlangenköpfen und -schwänzen. Skelette haben manchmal extragroße Köpfe.

Kai (2011)

Kai DX (2011)

Kai ZX (2012)

Kai ZX (2012)

Kendo Kai (2012)

NRG Kai (2012)

Kai Kimono (2013)

Kai Rebooted (2014)

Jay (2011)

Jay DX (2011)

Jay ZX (2012)

Kendo Jay (2012)

NRG Jay (2012)

Jay Kimono (2013)

Jay Rebooted (2014)

Cole (2011)

Cole DX (2011)

Cole ZX (2012)

Cole ZX (2012)

Kendo Cole (2012)

NRG Cole (2012)

Cole Kimono (2013)

Cole Rebooted (2014)

Zane (2011)

Zane DX (2011)

Zane ZX (2012)

Kendo Zane (2012)	NRG Zane (2012)	Zane Kimono (2013)	Zane Rebooted (2014)	Zane Rebooted (2014)	Zane Rebooted (2014)	Nya (2011)	
Samurai X (2012)	Samurai X (2014)	Sensei Wu (2011)	Sensei Wu (2011)	Sensei Wu (2012)	Sensei Wu (2012)	Evil Wu (2014)	
Lloyd Garmadon (2012)	Lloyd ZX (2012)	Lloyd ZX (2012)	Lloyd Goldener Ninja (2013)	Lloyd Rebooted (2014)	Lloyd Rebooted (2014)	Lloyd Rebooted (2014)	
Lord Garmadon (2011)	Lord Garmadon (2012)	Lord Garmadon (2013)	Sensei Garmadon (2014)	Samukai (2011)	Kruncha (2011)		

91

Kruncha (2011)	**Bonezai** (2011)	**Bonezai** (2011)	**Chopov** (2011)	**Chopov** (2011)	**Chopov** (2011)
Frakjaw (2011)	**Frakjaw** (2011)	**Frakjaw** (2011)	**Frakjaw** (2011)	**Krazi** (2011)	**Krazi** (2011)
Wyplash (2011)	**Wyplash** (2011)	**Nuckal** (2011)	**Nuckal** (2011)	**Pythor** (2012)	**Fangtom** (2012)
Fangdam (2012)	**Fang-Suei** (2012)	**Snappa** (2012)	**Skales** (2012)	**Slithraa** (2012)	**Mezmo** (2012)

Rattla (2012)	**Skalidor** (2012)	**Bytar** (2012)	**Chokun** (2012)	**Snike** (2012)	**Acidicus** (2012)
Lizaru (2012)	**Spitta** (2012)	**Lasha** (2012)	**General Kozu** (2013)	**Schwertkämpfer** (2013)	**Schwertkämpfer** (2013)
Späher (2013)	**Späher** (2013)	**Krieger** (2013)	**Cyrus Borg** (2014)	**General Cryptor** (2014)	**Nindroidjäger** (2014)
Nindroidjäger (2014)	**Nindroiddrohne** (2014)	**Nindroiddrohne** (2014)	**Min-Droid** (2014)	**P.I.X.A.L.** (2014)	**Overlord** (2014)

REGISTER

Hauptartikel sind fett hervorgehoben.

A, B

Abrisskran der Beißvipern (Set 9457) **49**
Acidicus **47**, 93
Anacondrai **46**
Auto (Set 30087) **73**
Battle Arenen 24, **66–67**
Battle Pack (Set 9591) **8**
Beißvipern **48–49**, 81, 84
Bergschrein (Set 2254) **25**
Bonezai **45**, 64, 92
Booster Packs 50, **68–69**
Borg Tower **60**
Buch & Steine-Set (Set 20020) **72**
Bytar **51**, 69, 93

C

Chokun **51**, 93
Chopov **45**, 64, 92
Cole **16–17**, 34, 36, 52–55, 64, 80, 85, 90
    Cole DX **16**, 64, 90
    Cole Kimono **17**, 90
    Cole Rebooted **90**
    Cole ZX **16**, 73, 90
    Kendo Cole **17**, 68, 90
    NRG Cole **17**, 65, 90
Coles Powerbohrer (Set 70502) **17**
Coles Tarn-Buggy (Set 9444) **16**
Comic-Alben 81
Comics **26–29, 52–55**
Cyrus Borg **58**, 59, 60, 93

D

Destructoid (Set 70726) 18, **61**
Digital Overlord **22**, 61, 87
    siehe auch Overlord
Donner-Räuber (Set 70723) **15**, 36
Dragon Fight (Set 30083) **73**
Drachen **34–35**
    Drache des Blitzes (Set 2521) 14, **35**
    Eisdrache (Set 2260) 18, **34**, 81, 89
    Erddrache (Set 2509) **34**
    Feuerdrache 3, 12, 32, **35**, 89

Goldener Drache 21, **35**, 87
Nindroid Robo-Drache **61**, 77, 78
Ultradrache **34**, 85
Duell in der Schlangengrube (Set 9456) **66–67**

E, F

Evil Wu 1, **22**, 61, 87, 89, 91
    siehe auch Wu, Sensei
Fang-Suei **48**, 49, 65, 92
Fangdam **48**, 65, 92
Fangtom **48**, 92
Fernsehen 5, 83, **84–87**, 88
Feuertempel (Set 2507) 3, **32**, 35
Figurenkarten 66, 68, 69, **70**, 71
Frakjaw **44**, 45, 64, 72, 92

G

Garmadon, Lloyd **20–21**, 41, 68, 84–87, 89, 91
    als Goldener Ninja **21**, 35, 36, 37, 61, 87, 91
    als Grüner Ninja **20–21**, 34, 85–87
    Lloyd Rebooted 79, 91
    Lloyd ZX (Set 9574) **20**, 21, 65, 91
Garmadon, Lord 20, 21, 22, **40–41**, 42, 56, 57, 65, 80, 84–87, 91
    Garmadon, Sensei 21, **41**, 91
    siehe auch Garmadon, Lord
Garmadons Festung (Set 2505) **40–41**, 45
Garmatron (Set 70504) 19, **56**, 57, 86
Geheime Schmiedewerkstatt (Set 2508) **23**
Giftnattern **47**, 69
Goldener Drache (Set 70503) **35**, 56
Goldener Ninja **21**, 35, 36, 37, 61, 87, 91
    siehe auch Garmadon, Lloyd
Goldene Waffen 22, 30, 37, **40**, 42, 84–87
Große Schlangenmeister, der 33, 40, **46**, 71, 85, 86
Grüner Ninja **20–21**, 34, 85–87,
    siehe auch Garmadon, Lloyd

H, I, J

Hidden Sword (Set 30086) **73**
Hypnokobras **50**, 84
Jay **14–15**, 23, 32, 64, 72, 80, 84–85, 90
    Jay DX **14**, 67, 90
    Jay DX Spinner **67**
    Jay Kimono **14**, 90
    Jay Rebooted **90**
    Jay ZX **14**, 69, 73, 90
    Kendo Jay **14**, 69, 90
    NRG Jay **14**, 65, 90
Jay (Set 30084) **72**
Jays Donner-Jet (Set 9442) **14–15**, 49
Jumping Snakes (Set 30085) **73**

K

Kai **12–13**, 23, 28, 35, 36, 64, 71, 73, 80, 90
    Kai DX **12**, 25, 90
    Kai Kimono **13**, 90
    Kai Rebooted **90**
    Kai ZX **12**, 65, 80, 90
    Kendo Kai **13**, 25, 90
    NRG Kai **13**, 90
Kais Feuer-Bike (Set 9441) **12**, 50
Kais Super-Jet (Set 70721) **13**, 77
Kais Feuerroboter (Set 70500) **36**
Karten *siehe* Sammelkarten, Figurenkarten,
Kendo Jay (Set 5000030) **69**
Kozu, General **56**, 57, 82, 93
Krazi **43**, 64, 92
Kruncha **42**, 64, 91, 92
Kryptor, General **58**

L, M

Lasha **47**, 65, 93
Lashas Schlangenbike (Set 9447) **47**
Lizaru **47**, 69, 93
Merchandising **80–81**
Mezmo **50**, 69, 92
Min-Droid **61**, 93
Monster Truck (Set 2506) **43**

N

Nindroiddrohne **59**, 60, 93
Nindroidjäger 30, **59**, 60, 61, 93
Nindroidmaschinen **60–61**
Nindroid Robo-Drache (Set 70725) 41, **61**
Nindroids 6, 13, 19, 22, 24, **58–59**, 60, 78, 79, 87 siehe auch Overlord
Ninja-Flugsegler (Set 9446) **32**, 33, 77, 84, 86
Ninja Glider (Set 30080) **72**
Ninja Hinterhalt (Set 2258) **25**, 45
Ninja-Training 14, 18, **24–25**
Ninja Außenposten (Set 2516) **25**
Ninja Training (Set 30082) **25**
NinjaCopter (Set 70724) **19**, 59
Ninjago Lager **32–33**
Ninjago Battle Arena (Set 853106) **66**
Ninjago Card Shrine (Set 2856134) **71**
Ninjago City (Set 70728) 9, 30, **31**
Ninjago City **30–31**, 56, 58, 60, 86, 87, 89
Ninjago Character Card Shrine (Set 850445) **71**
Ninjago Sammelkartenbehälter (Set 853114) **71**
Nuckal **42**, 64, 92
Nuckals Quadbike (Set 2518) **42**
Nya **23**, 26–29, 64, 85, 91
 als Samurai X 4, **23**, 31, 64, 65, 85, 91

O, P, R

OverBorg **58**, 60
OverBorg Attacke (Set 70722) **58**
Overlord 19, **30**, 31, 37, 93
 als Digital Overlord **22**, 61, 87
 und Nindroids 22, **58**, 59, 60, 61, 89
 und Steinarmee **56**
P.I.X.A.L. 19, **59**, 93
Promotion-Sets 7, 8, 9, 25, 45, 57, 69, 70, 71, **72–73**
Pythor **46**, 84–85, 92
Rattla **50**, 71, 93
Rattla (Set 30088) **73**
Rattlecopter (Set 9443) **48**
Roboter 15, **36–37**, 49, 51
Rückkehr des vierköpfigen Drachen (Set 9450) 34, 40, 51

S

Sammelkarten 66, 68, 69, **70–71**
Samukai **42**, 91
Samurai-Roboter (Set 9448) **51**
Samurai X 4, **23**, 31, 64, 65, 85, 91
 siehe auch Nya
Samurai Zubehör Set (Set 850632) **57**
Schlangen 6, 16, 25, **46–51**, 54–55, 65, 66, 71, 85–87, 90
Schlangen-Läufer (Set 9455) **49**
Schlangen-Quad (Set 9445) **48**
Schrein der Giftnattern (Set 9440) **47**
Schwebendes Sägekissen (Set 70720) 4, **60**
Schwertkämpfer 22, **56**, 57, 93
Skales **50**, 92
Skalidor **51**, 93
Skelettarmee 24, 40, 41, **42–45**, 84, 85, 86, 88
Skelett Bowling (Set 2519) **67**
Skeleton Chopper (Set 30081) 45, **72**
Skelettritter 42, **44–45**
Skelett Chopper (Set 2259) **45**
Skeletthubschrauber **44**
Slithraa **50**, 65, 92
Snappa **49**, 65, 92
Snike **51**, 93
Späher
 Schlangen-Späher 48, 50, 51
 Steinarmee-Späher 56, 57, 93
Special Edition Sammelkarte (Set 4659640) **71**
Spinjitzu Arena (Set 2520) **24**, 45
Spinjitzu Trainingszentrum (Set 2504) **24**, 42
Spinjitzu Starter Set (Set 2257) 64, **66**
Spinner Sets **64–65**, 70
Spitta **47**, 65, 93
Starter Set (Set 9579) **8**
Steinarmee 6, 17, 36, 41, **56–57**, 82, 86
 siehe auch Overlord
Stein-Krieger **57**, 93
Steinsoldaten 22, 24, 56, 57, 86

T

Tempel des Lichts(Set 70505) **22**, 37, 41, 86
Training 12, 14, 18, **24–25**, 67, 83
Training Set (Set 9558) **25**
Turbo Shredder (Set 2263) **44**, 72

U, V, W

Ultraschall Raider (Set 9449) **33**, 46, 86
Videospiele **88–89**
Samurai-Bike (Set 70501) **57**
Weapon Training Set (Set 853111) **7**
Wu, Sensei **22**, 23, 32, 40, 46, 71, 82
 als Evil Wu 1, **22**, 61, 87, 89, 91
 und Ninja-Lehrer 12, 14, 16, 18, 20, 24, 84–85
Würgeboas **51**
Wyplash **43**, 64, 92

X, Z

X-1 Ninja Supercar (Set 70727) **13**, 60
Zane **18–19**, 34, 58, 59, 64, 80, 87, 90–91
 Zane DX **18**, 64, 90
 Zane Kimono **19**, 91
 Zane Rebooted **91**
 Zane ZX **18**, 69, 73, 90
 Kendo Zane **18**, 65, 91
 NRG Zane **18**, 65, 91
Zanes Düsengleiter (Set 70728) **30**

Scimitar-Schwert

Einer von vier Armen

GENERAL KOZU (2013)

Flexibler Schwanz

Kran-cockpit

Abriss-birne

Schnappender Schlangenkopf

Raupenketten

ABRISSKRAN DER BEISSVIPERN

Penguin Random House

Lektorat Scarlett O'Hara
Bildredaktion Guy Harvey
Redaktionsassistenz Ruth Amos
Herstellung Jennifer Murray, Lloyd Robertson
Cheflektorat Elizabeth Dowsett
Gestaltung und Satz Ron Stobbart
Projektleitung Julie Ferris
Art Director Lisa Lanzarini
Programmleitung Simon Beecroft

Redaktion Calcium

Für die deutsche Ausgabe:
Programmleitung Monika Schlitzer
Projektbetreuung Anna-Selina Sander
Herstellungsleitung Dorothee Whittaker
Herstellungskoordination Katharina Dürmeier
Herstellung Christine Rühmer

Titel der englischen Originalausgabe:
LEGO® Ninjago The Visual Dictionary

© Dorling Kindersley Limited, London, 2014
Ein Unternehmen der Penguin Random House Group

LEGO, the LEGO logo, the Brick and Knob configurations, and the Minifigure are trademarks of the LEGO Group. © 2014 The LEGO Group. Produced by Dorling Kindersley under license from the LEGO Group.

Text © by Hannah Dolan

Alle Rechte vorbehalten. Jegliche – auch auszugsweise – Verwertung, Wiedergabe, Vervielfältigung oder Speicherung, ob elektronisch, mechanisch, durch Fotokopie oder Aufzeichnung bedarf der vorherigen schriftlichen Genehmigung durch den Verlag.

© der deutschsprachigen Ausgabe by
Dorling Kindersley Verlag GmbH, München, 2015
Alle deutschsprachigen Rechte vorbehalten
4. Auflage, 2015

Übersetzung Jan Dinter
Lektorat Hans Kaiser

ISBN 978-3-8310-2723-1

Printed and bound in China

Besuchen Sie uns im Internet
www.dorlingkindersley.de

www.LEGO.com

DANK

DK dankt Randi Sørensen, Simon Lucas und dem LEGO Ninjago Team von der LEGO Gruppe für ihre Hilfe bei der Entwicklung dieses Buchs, Rhys Thomas für die tollen Comics, Gary Ombler für seine Fotografien, Chris Rose und Vincent Grogan von TT Games für Bilder aus den Videospielen, Paul Lee, Jeff Cross, Imagine Rigney, Nannan Zhang und Padawan K.S. für die Zusendung ihrer Fan Art, Ross Clark von ClicTime für Abbildungen ihrer LEGO Uhren; Sun Yu und Julie Yu von IQ Hong Kong für Abbildungen ihrer LEGO Taschenlampen, sowie Jesse Post und Michael Petránek von Papercutz für Bilder und Informationen zu ihren Graphic Novels.

BILDNACHWEIS
Alle Abbildungen mit Genehmigung der LEGO Gruppe, mit Ausnahme von S. 80 oben links und Mitte (ClicTime), unten (IQ Hong Kong), S. 81 unten (Papercutz); S.82 (Nannan Zhang, Paul Lee, Jeff Cross, Padawan K.S.) und S. 83 (Imagine Rigney), S. 88–89 (TT Games).